後藤恵之輔
Gotoh Keinosuke

第四代福岡県令 渡邉清

雄県「福岡」の礎を築いた大村藩士

海鳥社

はじめに

令和元年（二〇一九）十二月中国に始まった新型コロナウイルスの感染拡大状況は、翌年三月十一日世界保健機関（ＷＨＯ）により、世界的な大流行を示す「パンデミック」と表明された。新型コロナウイルスはわが国においても猛威を振るっているが、本書では明治時代前期のコレラ大流行を述べて起筆としよう。

明治十二年（一八七九）に全国で猖獗《しょうけつ》を極めたコレラは、福岡県においてもその夏から大流行が始まっている。八月までに感染者は二九三七人に達した。

政府はその夏、太政官布告「虎列拉病予防仮規則」を発布した。これにより各府県はその予防撲滅に努めたが、福岡県はいち早く最初の流行年の明治十年十月三日付布令をもって、家屋、道路、食物の清潔保持や汚穢物の隔離埋棄、多人数群集の一切禁止などを、全県民へ通達した。

この福岡県のコレラ対策には当時の県令（現在の県知事）「渡邉清《きよし》」の存在が大きかった。すなわち、右記の通達は渡邉県令によるもので、伝染病院の設置についても同様である。

明治時代、国より早くコレラ対策を衛生行政とした渡邉清は、肥前大村藩の出身で戊辰《ぼしん》戦争を歴戦した。

明治三十年十一月二十一日午後一同着席、男爵渡邉清君臨席。

桑名から進んで江戸に着して、勝麟太郎（安房）か出懸て来て、西郷吉之助と談判して江戸城の攻撃を止めることに決した所まで、今日申し上げましやう。（原文ママ）

いわゆる「江戸無血開城始末」談話の始まりだが、この渡邉清男爵の言葉から、その日の「史談会」は始まった。史談会とは、当時生存者から幕末維新期に関する証言を集め、史料として残そうと随時開催された例会で、招かれた談話者の体験は『史談会速記録』としてまとめられ刊行された。

西郷・勝会談に先立ってイギリス公使パークスを横浜に訪ね、その言を早馬を駆って西郷に知らせたのは、渡邉清であった。西郷はパークスの言、いわゆる「パークスの圧力」により江戸城攻撃を中止したが、清はその陰の功労者である。

清は慶応元年（一八六五）には弟昇《のぼり》らとともに、福岡藩内訌《ないこう》、いわゆる「乙丑《いっちゅう》の獄」の調停を図り、筑前勤王党の助命に奔走している。

渡邉清は明治七年九月から十四年七月までの七年近く福岡県令を務めたが、それより以前の幕末に既に福岡と強い関係があったのは驚くに値する。維新から間もない福岡県の県令としての治績から、清は今日の雄県「福岡県」の礎を築いた人である。

さらに、明治十一年渡邉県令により設立された県立福岡医学校は、京都帝国大学福岡医科大学のちの九州大学の淵源と位置付けられることから、清は九州大学の生みの親とも称することができる。

清は福岡県令以前に大蔵省に在籍しており、その大蔵省ではのちの大実業家渋沢栄一と同職であったことを明記しておかねばならい。

私（著者）がこの清の存在を知ったのは、長崎県大村市役所においてである。平成元年（一九八九）からだろうか、私は市政懇話会、入札監視委員会、市史編さん委員会などで度々市役所を訪れていた。このとき当時の市史編さん室長から、大村藩出身の「日本障害児教育の母」石井筆子《ふでこ》のことを聴き、その父渡邉清の名を耳にした。生まれてからこの方、福岡にいる私にとって、渡邉清の存在は初耳であった。以来清の名は長く耳底に残り、いつか評伝を書ける機会を待った。

本書は、このような渡邉清の生涯をたどりながら彼の事績を整理するとともに、人物像に迫ることを目的とする評伝である。また、一般に知られていない彼の生涯を広く世間に知ってもらい顕彰することも目的とする。

渡邉清の係累もユニークである。渡邉昇が実弟であることは前述の通りだが、薩長同盟の締結に尽力し、戊辰戦争に参加しなかったものの他藩との交渉で明治維新に貢献した。のち大阪府知事、会計検査院長を務めた。剣の達人で鞍馬天狗のモデルとの一説もある。長女の石井筆子は女性の社会進出に積極的である一方、障害児の教育に人生の大半を燃やし尽くした。しかし、清だけでなくこれら渡邉昇、石井筆子の存在・活動も世の認識はほとんどない。

私は平成二十八年に福岡のある学識者の集まりで、「第四代福岡県知事・渡邉清と彼を巡る人々——日本の近代化を支えた大村の偉人たち」と題して、清、昇、筆子らを紹介したが、知られていたのは物理学者の長岡半太郎《はんたろう》（清盟友、治三郎《じさぶろう》の子）のみであった。本書を通して彼らが世人の口の端に上るようになれば、望外の喜びである。

本書では「渡邉清」について委曲を尽くして書くが、煩瑣《はんさ》な箇所があるかも知れない。読み過ごされんことを乞う。本文諸所での会話は一部を除いて、大村藩主純熈《すみひろ》の記録編纂書『臺山公事蹟』、『史談会速記録』及び勝海舟の『氷川清話』によった。また主人公渡邉清は、時代により範助、清左衛門、清と称したが、本書では混乱を避けるため、すべて清に統一した。敬称はすべて略し年齢は数え年である。

なお、私は大村市が市政施行七十周年の記念事業として市史編さんをおこなうにあたって、編さん委員を務めるとともに、『新編大村市史』を執筆し、近世編及び現代編における自然災害の章を担当したことを付記しておく。

令和三年　盛夏

後藤惠之輔

第四代福岡県令　渡邉清

雄県「福岡」の礎を築いた大村藩士

目次

福岡県令就任と揺れる九州・萩

西南戦争と渡邉県令

福岡県庁移転と第一回県議会

西洋医学教育とコレラ対策

第四代福岡県令　渡邉清

雄県「福岡」の礎を築いた大村藩士

幕末の大村藩と渡邉清

嘉永六年（一八五三）のペリー来航以来、わが国はカオス状態に陥った。

安政六年（一八五九）の開国後には、朝廷に依拠して外国人排斥を進めようとする尊王攘夷運動と、より強固に幕府と朝廷の一体化を進めようとする公武合体運動がせめぎあうようになる。

文久元年（一八六一）十月、皇女和宮が十四代将軍徳川家茂に降嫁し、同三年七月には、イギリス艦隊が鹿児島湾の薩摩藩と交戦する「薩英戦争」が起こった。同年八月には、長州藩と急進的な尊王攘夷派の公卿七人が京都から追放された。「七卿落ち」「八月十八日の政変」と称される事件である。

ついで元治元年（一八六四）六月、新選組が尊攘派の長州藩士らを斬殺する「池田屋事件」、同年七月には、長州藩兵が御所内外で交戦する「禁門の変」が起き、のちに幕府による第一次長州征討を招く。

この一カ月後の八月には、長州藩兵とイギリスなど四カ国連合の兵が交戦する「下関戦争」が派生した。このような時勢下、いよいよ徳川方と勤皇方との対立は先鋭化していった。

勤王一途

勤王三十七士同盟の結成

渡邉清は、天保六年（一八三五）大村藩士渡邉雄太夫武俊（巖）の長男として、大村城下岩船（現長崎県大村市玖島《くしま》）に生まれた。父巌は再婚である。前妻は北野為昭の娘でその間に生まれたのが清、後妻が松田宣徳の妹マスで、清の弟渡邉昇の母である。したがって清、昇は異母兄弟である。

『臺山公事蹟』には渡邉兄弟はともに秀才の名有りと謳われている。昇の談話によれば、清は長崎に遊び欧書を勝海舟の門に学んだが、長崎の地は才を伸ばすには不足ということで江戸に走ったという。詳細を同書から引く。

幕府が長崎海軍伝習所を開設した安政二年（一八五五）、大村藩では侍医尾本公同《おもとこうどう》をして清ら少壮の士を伴い長崎に出て私塾を開き、医学の質問と唱えて出島に出入し、伝習所のオランダ人より兵学を修め随行の清らに伝習させようとした。

しかし、幕府の伝習制度は厳密であり、容易にその目的を達することはできなかった。同三年五月ごろに至り、やむをえず清ら一同を帰藩せしめ、公同のみ長崎に留まって借家し、表面医業を営み、外人に往来してその事情を探り、以《もつ》て六年に及んだ。

昇の談はこの経緯を指す。清が藩命によって一度大村に帰るときは学業の中途にして廃することを憂い、再び長崎に遊んで勝の門に学び、ついに江戸に脱したのである。清が江戸に行ったのは安政四年四、五月の間である。

ついで昇は、同五年藩主の江戸参府に随行した父に従って遊学し、書を安井息軒《やすいそくけん》の塾に学び、剣を神道無念流斎藤弥九郎《やくろう》の練兵館道場に修めた。練兵館には長州藩士が多く通い、塾頭はのちの木戸孝允《たかよし》たる桂小五郎であった。小五郎某日昇に曰《いわ》く「予はまさに帰藩する。君願わくは書を抛《なげう》って剣を専《もっぱ》にし予に代わって塾頭たれ」と。昇は文武両道を兼修したいと固辞したが、小五郎が大村藩に書を送って頼んだことにより、藩政府は昇に命じて専ら武技を修めさせ、ここに昇は斎藤塾の長となった。自身の館生そして塾頭を通して、昇が多くの長州藩士と交を結んだことはいうまでもない。

渡邉清、昇の長崎、江戸への遊学は、大都の俊傑に交わり文武を修め時事を慷慨《こうがい》して、大村藩勤王の淵源となっていった。

渡邉清（大村市歴史資料館所蔵）

文久三年三月、渡邉清は江戸遊学を終えて帰藩した弟昇を城下に迎えた。当時、尊王攘夷運動が高まり、国内の政情はあわただしく動いていた。この動きを目の当たりにしてきた、その昇は某日、兄清に会い、「この時代にあって我々も何らかの対応をせねばならないのではないか」と心中を吐露した。

十二月、五教館《ごこうかん》において渡邉清は、根岸陳平、中村鐵彌それに、昇と前後して江戸、京都から帰国

玖島城板敷櫓

していた長岡治三郎（世界的物理学者長岡半太郎の父）と小宴を開き、時勢を論じる中で尊王攘夷のために尽力することを密約した。やがて清ら四人に遅れて昇も加わり、長岡家屋敷などにおいて密会を重ねるうち、ある日、清から「今藩風をどう見るか」と問われた昇は、その四方に遊歴したところによって天下の大勢を講じ、持論の「一縄《ひとなわ》の策」を展開した。「一縄の策」とは、一同が心を一つに合わせ、尊王攘夷に尽くすというところであろうかとは、長崎大学名誉教授外山幹夫《とやまみきお》の言である。その後、一党には楠本正隆（のちの新潟県令、東京府知事、衆議院議長）らも参画してさらに会合を重ね、藩改革派へと発展していく。

このような中、元治元年八月二十八日、大村藩は福岡藩と同盟を締結したが、その後、福岡藩主黒田長溥《ながひろ》が佐幕に転換したため、慶応元年（一八六五）八月下旬、両藩の同盟は実質的に消滅してしまった。

九月二十一日、幕府は前々年八月に任命していた大村藩主純熈の長崎惣奉行辞任を許可し、同職を廃止した。

十月二十四日、藩主純熈は、玖島城中に城下大給の藩士を招集し、藩論を尊王（勤王）に統一した。「勤王一途」という。これにより、大村藩の実権は改革派が掌握することとなった。

大村純熈（大村市歴史資料館所蔵）

改革派はなお一層拡大し、慶応二年暮ごろまでにその数三十七名に達して、実質的に「三十七士同盟」といわれるまでとなった。藩論が勤王に統一されたことを受けて、改革派は藩主の容認するところとなったうえ、藩有力者が同志に加わったことで、長州や薩摩藩ほど下級武士の集団にはならなかった。

しかも、彼らのほとんどが二十代の若者であった。

さらに、その中心人物は渡邉清

らのほかに、渡邉昇をはじめ、長崎、江戸などにおいて文武を修学した藩士であった。これら藩士は、藩主純熙が幕府の長崎海軍伝習所開設にともない、少壮の藩士をして洋学を学ばせ、さらに進んで江戸に遊学させたものである。
そして、三十七士同盟は藩政改革の中核をなすに至り、清と昇の渡邉兄弟は藩主の信頼も篤く、藩内から藩外へと活躍の場を広げていった。左記は三十七士の姓名である。

針尾九左衛門　大村太左衛門　稲田東馬　中尾静摩
根岸主馬　加藤勇　土屋善右衛門　十九貞衛
澤井六郎大夫　原三嘉喜　淺田千葉之助　山川宗右衛門
松林廉之助　野澤門衛　長岡新次郎　常井邦衛
長岡治三郎　福田弘人　村山與右衛門　楠本正隆
渡邉清　戸田圭次郎　山川清助　濱田彌兵衛
久松源五郎　渡邉昇　梅澤武平　藤田小八郎
根岸陳平　中村鐵彌　朝長熊平　北野道春
大村歓十郎　小佐々健三郎　柴江運八郎　中村平八
松田要三郎

三十七士の碑

福岡藩内訌の調停

　福岡藩が、勤王派弾圧事件により多くの勤王の志士を失い、その後の時流に乗れなかったことは、よく知られている。このとき大村藩は、渡邉清・昇兄弟を中心としてこの福岡藩内訌（内紛）の調停をおこなっている。まずこの内訌について、大村藩の調停がおこなわれたころの七、八月までを略記しておく。

　福岡藩では、五卿の長州藩領外への移転や第一次征長軍の解兵などの働きで勤王派の発言力が増した。慶応元年二月十一日、黒田播磨《はりま》などが藩主父子の反対を押し切って、筑前勤王党の党首ともいうべき加藤司書《ししょ》を家老にすえた。このことをきっかけに、勤王党は藩政に躍り出るとともに、保守派を排斥した。他方、五卿の太宰府転座で諸藩の士が太宰府に集まってき、勤王派は彼らを背景としても増長していった。

姉茂子が第十一代将軍家斉《いえなり》の正室で親幕派の黒田長溥はこれらを是とせず、矢継ぎ早に反撃し、処断を下した。さらに勤王派に対する処分は加速し、七月十三日から八月十三日にかけて、一カ月の間に六回もおこなわれた。

そもそも大村藩による福岡藩内訌の調停は、清の弟昇が五卿の太宰府行を迎えることから始まる。慶応元年正月、昇は筑前の士とともに赤間《あかま》駅において五卿に閲し、同三月に宰府に彼らを訪った。その夏、昇が宰府において三条実美《さねとみ》に閲し、福岡藩の内訌を聞くに至った。内訌は、この年六月下旬をもって、勤王派一網打尽の勢いを生じたものであった。

昇は直ちに福岡に足を運び、福岡藩士の正邪相軋《きし》り、加藤司書ら数十名が幽囚されていることを聞くに及んだ。昇は、再び太宰府に至って実美附属の用係水野渓雲齋《けいうんさい》らと議し、この内訌を調停しようとしたが、効を見なかったため、速やかに大村に帰り、藩の使節を発《た》てて筑前勤王の士を救うほかにないと考えた。

他方、このとき大村藩庁もまた福岡藩の内訌を聞くところがあって、渡邉清に筑前に至ってその事情を探訪させようとした。命を受けた清が福岡へ急ぐ途上、帰国する昇と出くわし、清はその筑前に至らんとする事情を語った。昇は、

「兄よ、行くべきではない」

と留め、内訌の経緯を詳述した。清はこれを受けて、

「事は既にここに至っているのか。お前は大村に帰って見るところにより尽くせ。私は路を転じて平

戸に至り、使節を筑前に発すべきことを促そう。二藩が力を同じくして、筑藩に迫りたい」

兄弟すぐに、それぞれ平戸、大村へと路を急いだ。

藩主純凞は昇の議を容れ、家老江頭隼之助、用人大村太左衛門、応接掛渡邉清、同昇らに命じて、筑前に赴かせることを決した。実に慶応元年七月六日のことである。

同九日一行は大村を発ち、清は平戸に向かい、歩を一にして、その使者の発程を促すこととした。このとき、大村・平戸両藩は同盟関係にあった。某日江頭ら一行は博多に着いたものの、平戸からはまだ来たらず、清のみ着していた。いたずらに平戸の使者の到着を待っていると、救済の時期を失せんとして、同二十一日、江頭ら一行は福岡城中に入った。一説には、七月十四日大村藩一行が来福すると同じく、平戸藩も藩主松浦肥前守詮《あきら》の命を受けて周旋のため来福している。

江頭らは藩主純凞の正義回復、周旋の書状を、福岡藩士吉田久太夫に差し出し、福岡藩の答を促した。平戸使節田村文右衛門もまた福岡に至り、江頭らとしきりに福岡藩に迫ったが、福岡藩はその真意のあるところを明弁せず、疎外敬遠しながら二藩の使を待たせるのみであった。

江頭らは久しく福岡城下に在り、「因禁者が解放されるのを待ってその後に帰国しよう」と、加藤司書ら筑前勤王党の助命を福岡藩に迫った。

ここに及んで、黒田長溥は、大村、平戸の両藩主に、

「法を犯し、これを処分するのは藩主の権柄にあれば、貴藩の好意には深く感謝するが、旧来の規則をあえて整えるべきではない」

と返信して、周旋をはねつけている。清たちの願いは聞き届けられなかった。江頭らは八月三日に福岡を発し、帰国の途に就いた。この間、三条実美ら五卿の周辺でも誰もが筑前勤王党の崩壊を案じ、救助に奔走した。

この年十月下旬に下された福岡藩の処断は残酷を極めた。十月二十三日から二十六日の四日間にわたって処断された者は斬罪十五名、切腹七名を含めて一五九名余に及び、その罪名は斬罪、切腹に加えて、流罪、牢居、称号一字取上、下屋敷に慎み、隠居、徘徊、諸人応対差留など、ありとあらゆるといっても過言ではないものであった。斬罪、切腹に処せられた士のみ左記に掲げる。カッコ内の年齢は享年を表す。

〈十月二十三日〉

△斬罪　月形洗蔵（町方詮議掛兼吟味役馬廻組、百石、三十八歳）

梅津幸一（勘定奉行助役無足組、二十石六人扶持、六十二歳）

鷹取養巴（外事周旋方代々福岡藩医、三七〇石、三十九歳）

伊藤清兵衛（馬廻組、二百石、三十五歳）

森勤作（城代組十石、三人扶持、三十三歳）

伊丹真一郎（馬廻組、一四〇石、三十三歳）

（右のほかに九名、享年二十六歳～三十二歳）

〈十月二十五日〉

△切腹　加藤司書（家老、二八五九石、三十六歳）

斎藤五六郎（大目付大組、六百石、三十七歳）

衣斐茂記（小姓頭大組、一〇八〇石、三十五歳）

建部武彦（用聞役大組、七百石、四十六歳）

〈十月二十六日〉

△切腹　尾崎惣左衛門（無足組十四石、三人扶持、五十四歳）

万代十兵衛（無足組、十五石五人扶持、三十二歳）

森安平（城代組、十三石四人扶持、三十八歳）

これが世にいう「乙丑の獄」である。筑前勤王党は壊滅状態となり、大村藩と福岡藩との同盟は途絶えてしまった。その後、大村藩は薩長同盟のもとこれら二藩と合従連衡を謀ることとなる。福岡藩内訌の調停は不首尾に終わった。それも斬罪、切腹に処せられた士二十二名を含む筑前勤王党の崩壊という、夢想だにしない結果であった。調停に奔走した渡邉清は、多くの筑前勤王党の友を失った。とくに畏友加藤司書をなくしたことは無念でならず、清自身、もっと身を挺すべきでなかったか、慚愧《ざんき》の念であったろう。

この事件はその後の清の行動に大きく影響した。大村藩は藩主純凞のもと勤王一途で進んでいる、益々その中心人物になろう、三十七士同盟を率いて。他藩との交渉事は藩主の二十騎馬副としてお側に仕える弟昇に任せることとして、自分は行動派でいようと。この決心は、「新精組」「新精隊」の長として実現する。

さらに筑前勤王党、乙丑の獄、加藤司書の死が、のち福岡県令としての清の身に大きく関わろうとは、もちろんこのときの清は知る由もない。

後日談だが、福岡藩は戊辰戦争最中の慶応四年四月、太政官より乙丑の獄の責任者を処分せよと沙汰され、藩主長溥は家老三名を切腹とするなどの処分を断行した。「戊辰の藩難」である。

戊辰戦争を闘う

新精隊の上洛

大村藩が京へ初めて出兵したのは、慶応三年六月、渡邉清が率いる同藩士十五名の「新精隊」である。これは、四月に薩摩藩の大久保一蔵《いちぞう》（のちの利通《としみち》）が江戸にて大村藩の探索人を通して、また五月には土佐藩の中岡慎太郎《しんたろう》が来藩して、切迫している天下の形勢下に同藩の上洛を要請しての派兵であった。

この新精隊は、元々は前年二月に結成された「新精組」で、大村藩士の二、三男から健康で強靱な者十四名を精選して組織し、その長として渡邉清を任じた。上洛要請を受けて改めて、藩士の中から十五名を選びなおして「新精隊」として組織し、清が自ら統率して上洛することとなった。その目的は御所の警護だが、表向きは「大坂藩邸の非常警備」と称した。

上洛するには蒸気船が必要である。藩船は速度の遅い和船で、困っている清をみかねた昇は、かねて三条実美ら五卿のいる太宰府で懇意となった海援隊隊長の坂本龍馬を長崎に訪ね、新精隊の上洛について相談した。すると龍馬は「ちょうどよい。私と後藤象二郎《しょうじろう》も上洛するところだ」といって、土佐藩の軍艦夕顔丸に乗せてもらえることになった。この便宜を得た新精隊は、銃器を菰《こも》で包み夜陰に乗じて藩中より長崎に運び、六月九日長崎港を出帆し、十二日大坂着、堂島の藩邸に入った。

二十日、京都入りした渡邉清と大村藩軍監の和田藤之助は、薩摩藩の西郷、大久保と協議して、上洛した大村藩士の半分を薩摩藩邸近くの道正庵という寺に潜居させ、半分を市街に仮住まいさせることにした。以後、しばらくの

大村藩蔵屋敷跡碑（大阪市堂島にて、長崎県立大村高校卒業生有志建立、川添純雄氏提供）

間は薩摩藩兵として行動し、大村藩士であることを隠していた。小藩のため、寄らば大樹の陰である。こうして西郷、大久保を頼り、彼らと行動をともにしたことが、後年の維新政府にあって、清をはじめ昇、楠本正隆らが彼らに目をかけられ、栄達することに繋がったのである。

いよいよ政情は風雲急を告げていく。慶応三年十月十四日、将軍徳川慶喜《よしのぶ》が大政奉還を朝廷へ奏請し、同日討幕の密勅が薩長に下された。十二月九日には朝廷が王政復古を宣言する。翌四年正月一日、朝廷より徳川慶喜追討令が出された。

二日後の三日、薩摩・長州軍と旧幕府軍が鳥羽伏見で戦闘を始め、戊辰戦争が開戦するや、大村藩兵は薩摩藩兵五番隊と合し、幕兵を鳥羽街道に遊撃しようと北野天神社付近（現京都府京都市）に屯していた。このとき、朝廷より京都詰用人中尾静摩（三十七士同盟の一員）に、「大村藩は彦根、平戸、大洲各藩兵とともに大津駅を警護せよ」との勅命が下った。静摩からこれが隊長渡邉清に伝えられると、清は感激し、

「我が藩の名、始めて表る。何の光栄か之に尚へん」

と喜んだ。早速軍令を下し、公然と藩旗を翻して行進し、近江大津（現滋賀県大津市）に宿陣した。このとき、彦根、大洲、平戸の兵はまだここに至っていなかった。清率いる大村藩兵が、薩摩藩から独立して初めての宿陣であった。

大津滞陣中の大村藩兵は、同地に潜伏した幕府新選組の一員を捕縛する一方、藩兵は規律厳正を旨に大津の安全を保った。

ついに一月十七日、大村軍に官軍の先鋒前衛として、江戸へ向けての進軍の命が出された。大村軍が大津を発するまでの十数日間、京坂地方に在住、あるいは江戸に遊学する者で同軍に加わる藩士が少なくなかった。二月に入ると、三十七士同盟の一人であった土屋善右衛門以下十四名が新たに加わり、渡邉清隊長のもと大村軍は百名近くに達した。

二月十一日京都から達しがあり、親征軍の編制が公表された。新政府軍は江戸への進路を東海道、東山道、北陸道に振り分け、各道の鎮撫総督、副総督に公家を任命して、その下に薩長土をはじめとする諸藩の軍を討手とした。各道の鎮撫総督、副総督の直下には参謀を置いたが、それには各藩の討幕派指導者を充て、実質上は彼らが総督であった。薩摩、長州、大村、佐土原の藩兵は、東海道、東山道の両道に属しており、これら四藩は新政府軍内部で重きが置かれた藩であったといえる。

先に朝廷は、東海・東山・北陸三道の親征軍いわゆる東征軍の長として、有栖川宮熾仁《たるひと》親王を東征大総督に任じ、三道の鎮撫総督、副総督を指揮下に置いている。薩摩軍から独立して新精隊を発展解消した大村軍は、この東征大総督指揮下に入ることになる。

東征の大村軍は、土屋善右衛門を総督（隊長）として、総勢一二六名からなっていた。既に渡邉清は大村軍の指揮を土屋らに委ねていたのである。すなわち清の地位は、最初の新精隊隊長から東海道鎮撫総督の下で軍監参謀であったが、つぎには有栖川宮東征大総督に直属して参謀を補佐する左軍監となっていたのだ。

大村藩は、戊辰戦争に三軍、総計六百名の藩士を兵として送っている。隊長渡邉清の新精隊に始まった右記の東征軍第一隊（一二六名）、その応援の兵であった東征軍第二隊（一四八名）、そして秋田の藩を救援すべく送られた北伐軍（三二六名）である。

三軍とも海路はもちろん蒸気船によっているが、とくに北伐軍は往路にイギリスの汽船ヒーロン号に、帰路はアメリカの汽船コスタリカ号に乗船し、それぞれ長崎―秋田船川《ふながわ》間を四日間、東京―長崎間を八日間で航行している。帰路の東京―長崎間をすべて陸路によった場合には、約三十五日間を要することを考えれば、蒸気船の速力がうかがわれる。

余談だが、この蒸気船による兵力移動について付言しておく。「鳥羽伏見の戦い」において安芸藩（芸州）は、薩摩・長州・芸州同盟のもといち早く五百名近い兵力を送り込んだ。宇品《うじな》（現広島県広島市）から藩所有の蒸気船万年号・震天号、和船八幡号（万年号が曳航）に分乗して上坂、着京した。

このように戊辰戦争時、兵力移動に蒸気船が多く使われた。これには船が人、物の大量輸送に適しているばかりでなく、蒸気船は和船（帆船）に比べて速力があり風に左右されないという大きな利点が認識されていたからだといえる。戦時にあって人、物とはもちろん、兵員（指揮官も含む）、銃砲、弾薬、兵糧などである。

雄藩ほか自前の蒸気船を有する諸藩は、兵力の移動に使用したが、自前の蒸気船をもたない小藩は、大村藩のように外国汽船をチャーターするなどした。

東征軍で頭角を現す

渡邉清率いる大村藩が東海道、東山道の討手藩を命じられる前の慶応四年一月二十四日に桑名藩が投降し、城を大村藩が先鋒として受領することに決した。二十八日正午、桑名（現三重県桑名市）に到着した大村藩は大手門《おおてもん》外において一斉射撃をおこない直ちに本丸に登営、のち諸藩の兵が桑名城に入った。この夜、総督は渡邉清を呼び大村藩の勲労を賞し褒詞を贈った。

親征軍は江戸へとさらに進撃を続ける。

二月十二日朝八時に発し夕方には名古屋（現愛知県名古屋市）に着した。十六日渡邉清率いる大村藩兵は、関東進撃の先鋒を命じられた。十七日薩摩・長州・佐土原各藩兵とともに尾張宮駅（同名古屋市）を発して、十八日正午藤川（同岡崎市）に宿陣。その夜大村から継発の、大砲二門を装備する砲隊銃士が本隊に合流した。二十一日浜松（現静岡県浜松市）に宿陣したが、同日に西郷と長州藩士三名が大村藩陣を訪《おとな》っている。二十二日袋井（同袋井市）を経由して、二十四日藤枝（同藤枝市）に宿陣した。

戊辰戦争が起きたとき、慶喜の降伏は噂でしかなかった。大村藩など先鋒四藩が府中（同静岡市）に滞陣しているとき、慶喜降伏を証拠立てる幕府陸軍総裁勝安房《あわ》の手紙が、勝の依頼を受けた幕臣山岡鉄舟《てつしゅう》の陣中持参により西郷に届けられた。

その手紙の大略はこうである。

一、慶喜は降伏している。その証拠に、わが軍は官軍に対し抵抗する準備をしていないので、よく

察してもらいたい
二、わが方には軍艦が十二隻ある。今東海道を下ってくる官軍を防ごうと思えば、横浜に四隻を置き、摂海（大阪湾）に四隻を派遣し、残る四隻で東海道をかなたこなたと攻撃して、官軍の東下を防ぐ手立てをもっている
三、摂海の四隻は西国から上る兵を支えることができる。また横浜の四隻で江戸湾の防御は充分できる。残る四隻で東海道を下る兵を遮れば、どうやって官軍が下ることができようか
四、これくらいのことは、自分（勝）も実によく承知しているが、実際には手をなしていないのだから、わが方に敵意のないことは、これで見てほしい
五、ともかく、官軍は駿府（現静岡県）に留めてくれなければならない。その内に私から実際のことを申し述べる手筈をしているので、ともかく止まってくれ

慶喜降伏の意を示しつつ官軍の進撃を止めるよう、反撃の脅しをしながらの要請である。懇願の気持ちも込められている。

西郷は、渡邉清を含む四藩の隊長を呼び寄せて、その手紙を見せながら、顔色火の如くなっていった。

「諸君はこの手紙を見て何とお考えあるか。実に首を引き抜いても足らぬのは、彼の勝である。人を見ること土芥《つちあくた》のようで、官軍をどのように考えているのか。果たして恭順の意であるならば、官軍に

■幕府保有軍艦一覧

艦名	原名	船形	砲	馬力	幅長	頓数	製造国名
観光	スームビング	蒸気 外輪	6門	150	長29間 幅5間	－	オランダ
咸臨	ジェッパン	同 内輪	12門	100	長27間半 幅4間	－	同
幡龍	エンピロル	同 同	4門	60	長23間1尺 幅3間3尺	－	イギリス
朝陽	エド	同 同	12門	100	長27間 幅4間	－	オランダ
富士	フジヤマ	同 同	12門	350	長31間 幅5間3尺	1000	アメリカ
回天	イーグル	同 外輪	11門	400	長38間 幅5間5尺	710	プロシア
開陽	－	同 内輪	26門	同	－	－	オランダ
(陽春)	カガノカミ	同 同	6門	280	長30間 幅5間	530	アメリカ
(甲鉄)	ストーンウォール	同 同	4門	500	長32間4尺 幅5間2尺	700	同

備考：外輪は船外水車式、内輪はスクリュー式。1間は約1.818m、1尺は約0.303m

（出典『幕末貿易史』）

向かって注文することはないはずだ。勝は申すまでもなく、慶喜の首を引き抜こうではないか。いわんや、箱根を前にして滞陣するどころではない。諸君、いかがであろう」

各藩隊長は、いかにもその通りと勇み立った。

「明日（二月十六日）よりすぐに東征にかかるから、その覚悟で出陣なさい」

と西郷の厳命が下された。

勝は手紙に、わが軍には十二隻の軍艦ありと記しているが、当時の徳川方が保有していた軍艦を、『幕末貿易史』より表として示す。この表の原データは勝の調査によるものである。隻数が合致しないが、調査時期による。

表中「ストーンウォール」はアメリカ製で、もともと旧幕府が買い付けていたが、明治元年(一八六八)幕の外国列強が新政府軍にも旧幕府軍にも加担しないとして取った立場、すなわち局外中立の宣言により引き渡されず、のちに新政府側が購入して「甲鉄」と命名され、箱館戦争で活躍した。

先鋒四藩は、府中を発ち三日目に興津《おきつ》駅(現静岡県静岡市)に着いたところで、西郷がまた急に各藩士を呼んだ。

「かねてより探偵を放っておいたが、輪王寺宮《りんのうじ》(のちの北白川宮《きたしらかわ》)が諸藩の重役を引き連れて、大総督にお会いになりたいそうだ。その目的は、慶喜恭順の意を伝え、かつ征討の官軍を箱根以西にとどめるためで、江戸を発ち今夕にも小田原着になるということだ」

続けて西郷はいう。

「この宮には箱根を越して西に来られぬようにしたい。これは多分、勝が宮を使っているのだろう。幕臣とは違い、大総督にもお会いなさらぬというわけにもいくまい。実に困ったことだが、どうかして箱根を越えられないようにしようではないか」

各藩から一人ずつ急使を出して、小田原で食い止めようということに決した。薩摩から中村半次郎《はんじろう》(のちの桐野利秋《としあき》)、長州からも佐久間左馬太《さまた》、佐土原から三雲為一郎、大村は長岡治三郎が急飛で立った。

しかし、渡邉清は心配し、改めて西郷に会った。

「駿府で見た書面と輪王寺宮のお出掛けは、どうも附合しすぎる。どこまでも官軍を防ぐ意ではあるまいか。四人の急使が宮を止めることができるやもわからない」

西郷いう。

「大いに然《しか》り。しかし、箱根まで四日はかかる」

清が提案した。

「いかにも大兵で行くのはできません。私が、わが兵を半隊だけ連れて行き、明後日早くに箱根駅を越したいと思う。これを斥候兵《せっこうへい》と見てもらいたい」

西郷、暫時考えて

「よろしい。拙者もどうかせねばならぬと考えていたところだ。しかし、その半隊はどうして遣《や》るのか、その方法は」

「私に一任願いたい。箱根でわが斥候隊が倒れるかも知れぬが、そのゴテゴテする内に先方も躊躇《ちゅうちょ》するから、その間に大兵を進められればよろしいでしょう」

「そういうことにしよう。君、明朝行かれよ」

清はすぐ用意して、半隊とともに午前二時ごろに出発、十六里の道（約六三キロ）を午後四時ごろに三島駅（現静岡県三島市）に着いた。このとき清は、兵さえ早く着けばよいとの考えで、兵士たちを素裸同然にして身軽にし、駅馬、駕籠《かご》を雇えるだけ雇って鉄砲、刀そのほか重い荷物を運ばせている。

清らが三島に到着すると、興津に残した半隊が追ってきた。清らが発ってすぐに、同様の方法で走駆してきたのだ。清らは一隊となり、翌朝（十八日）七時ごろ箱根関門に迫った。関所役人のいうには、とにかく官兵に歯向かうなという小田原藩の命は受けているとのことで、案じていた抵抗もなく箱根を領することができた。供出させた武器にしても、火縄銃など受け取っても始末に困るものばかりで、ここにも徳川方と官軍の彼我の差が露呈していた。

その後に清らが畑駅（現神奈川県足柄下郡箱根町）に三夜ばかり宿陣していたところ、西郷より命令があり諸藩合流するため、小田原に向かったが、輪王寺宮は官兵が既に箱根を越えたことを知って、両三日前に引き揚げた由であった。ここを去って鎌倉の建長寺に着し、二夜ばかりいたところに三月十日、大総督の命令で、「東海、東山二道の兵をして江戸城を攻撃せしめ、十五日をもって進撃の期となす」という号令が下った。

そこで渡邉清はとりあえず兵をまとめ、十二日午前七時鎌倉を発し、十三日川崎駅（現神奈川県川崎市）に着いたところ、東海道先鋒総督参謀の長州藩士木梨精一郎《せいいちろう》が大総督の命を告げてきた。すなわち、官軍は戦時病院を横浜に置く必要があり、イギリス公使パークスに頼って洋医を求めんがため、精一郎と清とをその使節とする、という。

清は考えて、実にもっともな話で、兵だけを真っすぐ江戸に遣ることにして、翌十四日朝、木梨に同道して横浜に行き、通訳を頼ってパークスに面会申し入れしたところ、彼は幸い在宅しており面会できた。

始めに木梨から、来意を告げて洋医を周旋してくれるよう頼んだ。するとパークスが如何にも変な顔付をして、「これは意外なことを申される」とつぎのように答えた。

一、我々の聞くところによると、徳川慶喜は恭順している。恭順している者に戦争を仕掛けるとはいかがか（木梨が、それは貴君に関係ない、ともかく用意してくれ、といってもパークスは聞かない）

二、一体今日は誰から命令を受けて来られたのか。大総督からというが、その人が命を受けた朝廷とは何者なのか

三、一体今日貴国に政府はないと思う

四、もしその国に戦争あれば、居留地の人民を統括している領事に政府の命令がなければならないのに、何の連絡もない。命令に際しては居留地警衛の兵がでなければならない。これらの手続きができてから戦争を始めるべき道理なのに、何一つしていないから、貴国は無政府の国というのだ

五、江戸に向かって兵を進めていると聞くが、如何なる次第になっているのか一向にわからない。このため、先だって自費で舟一艘を雇って兵庫に遣った。そこまで行けば大抵様子がわかるだろうと思ったからだ

六、居留地に貴国より警衛の兵が出ていないのに、兵はどんどん繰り込んでくるという話で、いつ

どうなるかわからない。それ故、仕方がないからわが海軍兵を上陸させて居留地を守らせている。かの赤い衣服を着た者たちがそうだ。こんな乱暴な国がどこにあるのか

実に一言もない論であった。清らは仕方なく、万一怪我人があればここで治療してくれぬかと頼み込んだものの、パークスはひょいと立って内に入り、戸を閉めて出てこなかった。二人は顔を見合わせた。

大総督府へ行く木梨と横浜で別れ、渡邉清はこのことを西郷に告ぐべしと、馬を飛ばして品川に向かい、着いたのは午後二時ごろであった。すぐに西郷のところに行き、横浜の模様を報告した。西郷、パークスの談話を聞き愕然として、

「なるほど悪かった」

といいつつも、その顔付はさほど憂いていないようであった。

「これはかえって幸いであった。勝も実に困っている様子。そこで君の話を聞かせると、まったく我手許に害がある。ゆえにこのパークスの話は秘しておいて、明日の打ち入りを止めなければならぬ。止めた方がよろしかろう」

西郷の肚《はら》は決まった。攻撃中止である。しかし、江戸城攻撃は中止したものの、勝が手紙に書いた軍艦のことは気掛かりであった。が、その危惧はお首にも出さず、清に勧めた。

「内に勝が来ているから、君も一緒に行ったらどうか」

「それではお供しましょう」

そのとき、西郷と一緒に席に出たのは、薩摩藩軍監の村田新八《しんぱち》、中村半次郎、それに渡邉清の三人であった。

ここで、パークスの二の言に言及しておきたい。実はパークスは、清らが訪ねる十日前の三月三日に参内し、天皇にお会いして親政を賀しているのである。このことは太政官日誌にも記録されている。なのになぜ、渡邉清らに対し「朝廷なるものを知らず」と放言したのか。パークスは居留地保護の事無きを責め、これを口実として江戸城攻撃を中止させようとしたのではないか、とは『臺山公事蹟』の論である。

江戸城無血開城会談に陪席

西郷と勝の会談は、慶応四年三月十三、十四日の二日にわたり薩摩邸でおこなわれた。ただし会談場所については、第一日目は品川の薩摩邸のようだが、場所がどこであったかは論の別れるところである。また、十三日と十四日とで別の場所だとの考え方もあろう。第一日目の会談は皇女和宮《かずのみや》（有栖川宮熾仁親王の元許嫁）についてだったが、いよいよ第二日目は江戸城攻撃に関しての談判である。

勝が切り出した。

「徳川慶喜が恭順ということは、既にご承知になっていると思う。大坂城を引き払って江戸に帰ったというのが、事実上、恭順の大意を示すものだ。我々もまたそのように考えて、慶喜の命によりどこまでも恭順ということでやっている」

勝は続けた。

「そこで、願わくは箱根以西に兵を留めてもらわないと、この江戸の大勢の旗本や、また藩々の状況から、どのように沸き立つかも知れぬ。その鎮撫に一命を抛ってつとめているところだ。すなわち、どこまでもその意を貫かなければならぬ。うかがい聞くに、明日江戸城攻撃ということだが、とにかくそれを見合わせることを願うために参ったのだ」

これを聞いて、西郷がおもむろにいった。

「恭順というならば、恭順の実を挙げてもらいたい。当方が命令するところによって、慶喜はどこまでも引き籠って謹慎しようということであるのか。いうなれば、相当のところに謹慎してよろしい。上野であろうとも、よそであろうともご勝手に」

西郷は続けて、

「江戸城を受け取るに、すぐに渡すか」

「すぐにお渡し申そう」

「兵器弾薬を受け取るには、どうすれば」

「それもお渡しいたそう」

こうして、江戸城そして徳川軍の武器弾薬は官軍に渡されることとなった。西郷は重ねた。勝が西郷宛ての手紙で脅しに使った軍艦についてだ。

薩摩藩邸の談判（Ⓐ西郷隆盛、Ⓑ勝海舟、Ⓒ中村半次郎（桐野利秋）、Ⓓ渡邉清、Ⓔ村田新八、『新編 大村市史』第4巻近代編より転載。原画は青柳有美画「高輪薩州邸の談判」〔日本近代史研究会編『画報 近代百年史』第2集〕）

「軍艦はいかがか」

「その軍艦ぞ。陸兵のことならば、拙者の関するところで、いかようにしても穏当に渡そうと思うが、軍艦となってくると、どうも思うようにいかぬ。というのは、実際に扱っているのは榎本（武揚《たけあき》、通称釜次郎、海軍副総裁）だ。この釜次郎は我々といちいち同意とは申し上げにくい。しかし、今ここで官兵に対して粗暴の挙動をするということは見えませぬ。本人もその意はないということはわかっている。けれど軍艦の受渡のことは到底私は請け負いかねる。もとより江戸城も出さなければならず、弾薬も差し出さなければならないことも、よくよく我々の心底をお察し願いたい」

　このあとも勝は、切々と訴えた。

「旗下八万騎それに伴う幕兵と各藩の兵も

いて、今この江戸の混乱の状態は容易ではない。この混乱の中で拙者自身、貴殿らと同時に幕府側からも疑いの眼で見られている。また、その間に挟まって誠意を尽くそうとしている慶喜といえども、号令を発しても幕兵らがその通りにするとは限らないというのが今日の形勢だ。今明日江戸城を攻撃するならば、江戸はもちろん天下の大騒動になることは、西郷殿もご諒察のこと。ともかく明日の戦争は止めてもらわなければならぬ」

渡邉清の回顧談にいう。「実にそのときの勝の話はよく順序も立ち実に見事なものであると、敵ながらも感じ入った位です。しかるに西郷のこれに対するも、実に格別多言でもない、これもまた見事な答えでありました」

西郷はしばらく黙考して、

「大総督の命を待つべし」

といいながら、村田新八を振り返り低い声で耳語《じご》した。

「明日のことを」

村田はその意をすぐに領し、中村半次郎をして明日の攻撃中止を諸方の官軍に伝えさせた。これを聞いて勝は心を大いに安んじ、暫時閑談して薩摩邸をあとにした。

清はのちに、江戸城攻撃を止めたときの西郷の心情をこう述べている。西郷も慶喜の恭順を会得しているけれども、だからといって、これまで大いに鼓舞してきた薩摩の兵及びそのほか長州はじめ諸藩の兵を鈍らすわけにもいかない。この機会に攻撃を止めるのは容易でないから種々苦心しているところに、パークスの一言を清が報じたので、西郷の意中はかえって喜んでいただろうと。

　徳川方の反応はいかがだったのだろうか。

　勝海舟が二日目の会談を終えて、薩摩邸から江戸城門に戻ったときまでの話を『氷川清話』から拾おう。勝曰く「それから西郷に別れて帰りかけたのに、このころ江戸の物騒なことといったら、なかなか話にならないほどで、どこからともなく鉄砲丸《てっぽうだま》が始終頭の上を掠《かす》めて通るので、おれもこんな中を馬に乗っていくのは剣《けん》呑《のん》だと思ったから、馬をば別当に牽《ひ》かせて」勝はうしろからとぼとぼ歩いて帰った。

江戸無血開城会見之地碑（JR田町駅付近にて）

　漸く城門まで帰ると、大久保一翁《いちおう》（忠寛《ただひろ》、司農総裁）らが勝の身を気遣って迎えにきており、勝の無事を喜びながら談判の模様はどうであったかと尋ね、その顛末を聞いて皆も大層喜んだ。

「今し方まで城中から四方の模様を眺望していると、初めは官軍が諸方から繰り込んで来るから、これは必定明日進撃するつもりだろうと気遣って居たところだ。しかし、先刻から反対にどんどん繰り出して行くようなので、いかがしたのかと不審に思っていたのに、君のお話で、あれは西郷が進撃中止の命令を発したわけと知れたよ」

これを聞いて勝は感服した。談判が済んでから、たとえ歩いてとはいうものの、城まで帰るに時間はいくらもかからないが、その短い間に号令がちゃんと諸方へ行き渡って、一度繰り込んだ兵隊をまたうしろへ引き戻すという働きを見て、西郷はなかなか凡の男ではない、と勝はいよいよ感心した。

江戸百万人は戦火から守られた。

慶応四年四月十一日、江戸城受渡の式が挙行された。橋本實梁《さねやな》（東海道）、岩倉具定《ともさだ》（東山道）の両総督は勅使として、西郷以下、海江田武次《かいえだたけじ》（薩摩藩）、木梨精一郎（長州藩）、安場一平（肥後藩）、渡邉清を従え、二重橋門より西丸へ向かった。式出席者の五人の中に清の名があることは、彼の東征軍内での高位を示すものである。清はここまで上り詰めていたのだ。

徳川方の中納言田安慶頼《よしより》が衣冠を着して式台に迎え先導して、大広間において勅諚《ちょくじょう》（天皇の命令）を拝謝し、ついで尾張藩をして城地を領せしめた。この間、西郷は諸軍を城外に配置して不虞の事態に備えた。

かくして江戸城は攻撃から免れ、無事官軍の手に引き渡された。このときのエピソードが、式に出席した徳川方代表の大久保一翁から、勝が聞いた話として語られている。『氷川清話』から引用する。

「あの時にはおれと西郷との談判で、双方五人ずつの委員を選び、城受渡の式をすることにした。西郷も一翁もその一人で、おれは加はらなかった。その時は殺気全都に充満するといふ形勢で、なかな

郵便はがき

料金受取人払郵便

博多北局
承認

7183

差出有効期間
2022年10月31
日まで
（切手不要）

812-8790

158

福岡市博多区
奈良屋町13番４号

海鳥社営業部 行

通信欄

通信用カード

このはがきを，小社への通信または小社刊行書のご注文にご利用下さい。今後，新刊などのご案内をさせていただきます。ご記入いただいた個人情報は，ご注文をいただいた書籍の発送，お支払いの確認などのご連絡及び小社の新刊案内をお送りするために利用し，その目的以外での利用はいたしません。

新刊案内を［希望する　希望しない］

〒　　　　　　　　☎　　（　　　）

ご住所

フリガナ

ご氏名　　　　　　　　（　　　　歳）

お買い上げの書店名　　　　**第四代福岡県令 渡邊清**

関心をお持ちの分野

歴史，民俗，文学，教育，思想，旅行，自然，その他（　　　　）

ご意見，ご感想

購入申込欄

小社出版物は全国の書店、ネット書店で購入できます。トーハン，日販，大阪屋，または地方・小出版流通センターの取扱書ということで最寄りの書店にご注文下さい。なお、本状にて小社宛にご注文下さると、郵便振替用紙同封の上直送いたします。送料無料。なお小社ホームページでもご注文できます。http://www.kaichosha-f.co.jp

書名		冊
書名		冊

か油断ができなかった。それで城受渡にくる官軍の委員らも非常の警戒で、堂々たる官軍の全権委員の一人が、狼狽のあまり片足に草履をうがちながら、玄関を昇ったといふ奇談ものこって居るくらいである」

式の緊張感がひしひしと伝わってくる。話を先に進めよう。

「この中に西郷は悠然として、少しも平生に異ならず、実に貫目があったといふことだ。実に驚いたは、城受渡に関するいろいろの式が始まると、西郷先生居眠りを始めた。この式がすんで、ほかの委員が引取るも、なほ先生ふらりふらりとやって居る。すると一翁傍よりたまりかね、西郷さん西郷さん、式がすんでみなさんお帰りで御座るとゆり起こすと、先生ハアーといってねとぼけ顔を撫でつつ、悠然と帰って行ったそうだ」

西郷の泰然自若、豪放磊落さが手に取るようにわかる。『氷川清話』も認めている。

「一翁もひどく感心して居た。なかなかふとい奴だ。数十日疲れて居たもんだから、城受渡の間に、いい暇見付けた気で居眠りとは、恐れ入るではないか。畢竟《ひっきょう》、ここらが彼の維新元勲の筆頭に数へらるるところだ」

西郷も、官軍の実質的な最高リーダーとして、夜も昼もなく連日連夜作戦を練り指揮を取るなどして、真に寝る間もなかったであろう。式は自分が表に出なくてもよい束の間のこと、無意識のうちに睡眠をとりたかったのだろう。それにしても起こされたあとの悠然たること。さすが西郷さんだ。

四月十五日、有栖川宮大総督は江戸に入り、金銀銅座を検査して金貨六万千七百三十余両を収め、軍艦四隻（富士、朝陽、翔鶴、観光）を受け取って、江戸城に入った。このようにして、江戸城の授受を終了した。

戊辰戦争の終結

上野戦争、奥羽戦争を歴戦

江戸開城前の慶応四年二月二十三日、和平に不満をもつ旧幕臣らが彰義隊を結成した。彼らは、上野寛永寺で謹慎を続ける徳川慶喜を警護するという目的だったが、官軍を不倶戴天の仇として雌雄を決せんとし、同年四月十一日慶喜が水戸に謹慎するに及んで兵備をますます整えていった。旧旗下の士、そのほか脱兵の彰義隊に投ずる者多く、その数三千となるに至って、五月十四日、官軍大総督より討伐の令が下った。

指揮を執ったのは参謀の長州藩士大村益次郎《ますじろう》である。大村は広小路口、谷中、本郷台の三方から上野の山を攻める作戦を立て、わずかに根津方面のみを開放して賊の遁路と為し、十五日早朝をもって二千の兵で攻撃開始とした。軍議で部署が定まると、大村は清にいった。

「上野が敗れれば、賊は必ず寛永寺裏門から本郷に出てくるはず。大村藩は長州・佐土原藩と協力し、本郷より根津に出てこの賊に対峙せよ。なお君は佐賀兵のため大砲監督の任にあたれ」と。この任に

佐賀藩アームストロング砲（『佐賀藩銃砲沿革史』より転載）

は、清が長崎、江戸に遊学して洋式兵法を学んでいたこと、大村藩にあって火薬を扱う硝石丘並製錬用係の任にあったことが役立った。

上野の山ということもあって高地から攻撃できる彰義隊は当初優勢であったが、佐賀藩がイギリスから購入（佐賀藩製の説もある）、所有していたアームストロング砲二門の砲撃が始まると、戦局は一気に官軍の優勢に傾いた。アームストロング砲は、後装施条式（元込め、砲身内面にライフル〈らせん状の条溝〉が刻み込まれている）のため、椎の実形をした砲弾は装填が早く、回転が与えられて射程距離が伸び、命中精度も高かった。富山藩邸（現在の東京大学附属病院辺り）から発射された砲弾は、不忍池を越えて寛永寺内によく着弾して炸裂、その威力は彰義隊を大混乱に陥れた。戦死者は二百を超え、翌十五日彰義隊は壊滅した。

奥羽地方においては、会津藩を中心とする奥羽、越後の二十五藩が奥羽越列藩同盟を結成し、新政府に抗戦することを決した。このため、政府は五月十九日、有栖川宮熾仁親王を東征大総督のまま会津征伐大総督を兼任させるとともに、六月七日公家の鷲尾隆聚《わしのおたかつむ》を奥羽追討総督に、長州の木梨精一郎と渡邉清の二人を参謀に任じた。

六月八日、奥羽追討の命が下った。清は、奥羽越列藩同盟の抵抗が激しい奥羽地方に参戦すべく、品川より平潟へと海路を急いだ。船は徳川方から鹵獲《ろかく》した富士艦、薩摩の春日丸、それに越前藩所有の飛隼丸の三隻の蒸気軍艦と、和船を一隻富士艦に牽かせて兵を運んだ。兵はわずか四、五百である。平潟に上陸するや諸方に番兵を配して、地形を見分した。これは上野戦争の谷中口で地理がわからず苦戦を強いられた経験から、二の轍を踏まないための配慮であったろう。

次第に模様を見るに、敵兵が随分多く、とくに磐城平にはここを先途と諸藩から兵が集まっていた。対する官軍は二千に足らぬ少なさだったため、清は船でいったん帰京して増兵を要請したところ、海路より因州の兵、陸路より柳川、備前の兵などが来て、この援軍で磐城平にかかった。

磐城平の城は堅く、当初背後の山に敵を追い込んでしまう作戦であったが、城を仰いで戦はできない。そこで、裏門の山手に大砲を引き上げて撃ち込むつもりで戦っている最中、木梨より使いが来て参謀の協議をおこなうという。軍議に出かけると木梨曰く、

「この城はこのままで落ちぬから、一度引き上げたい」

清は甚《はなは》だ不満で、反論した。

「ここまでやって引き上げてどうする」

清と木梨は争論になった。土佐藩の板垣退助《たいすけ》が中に入った。

「じっと押さえておいて急に攻撃することで、明日にしてよかろう」

三者三様の作戦で、それぞれの性格が垣間見える。木梨は諦観があり、清は挑戦的で、板垣は慎重であるといえよう。

じっとしていたところ、その夜敵は自ら城に火をつけて落ちた。

東北諸藩のほとんどが旧幕府方として官軍に抗したが、秋田藩のみが勤王討幕の立場をとった。これにより同藩は、周辺諸藩の攻撃を受けて苦境に陥った。朝廷は秋田に援軍を送ることとして、大村藩のほか佐賀・福岡・秋月三藩に出兵を命じた。岩倉具視《ともみ》の要請を受けた大村藩主純熈は、大村右衛門（のちの小鹿島《おがしま》右衛門。石井筆子の最初の夫果《はたす》の実父）を総督（隊長）とする、総勢三二六名の北伐軍を秋田に派兵した。北伐軍は八月七日長崎を出航し、十一日秋田船川に着、旧幕府方の庄内藩兵と交戦した。

戦闘は新暦の十月末にあたる九月半ばまで続き、大雪に見舞われた戦場の中で双方熾烈を極める展開となった。十月二日北伐軍は勝利し、以後南下して福島へ進軍した。右衛門ら北伐軍の大村藩士は福島において、今は奥羽追討参謀となっている渡邉清や東征軍の同藩士達とともに奥羽越列藩同盟軍の間で激戦をくりひろげた。

奥羽越列藩同盟の抵抗も、会津藩の降伏によって終焉した。この終焉に至るまで、大村藩東征・北伐両軍の死傷者は、戦死二十八名、重傷三十二名、軽傷二十四名の、総計八十四名を数えた。

四五〇石の論功行賞

開陽丸など軍艦八隻が旧幕の手元に残ったことは、海軍を統べる榎本武揚らを奮起させた。榎本らはこれら軍艦を操り、蝦夷《えぞ》地箱館（現北海道函館市）に入って、五稜郭《ごりょうかく》に立て籠もった。しかし、この旧幕府軍も明治二年五月、新政府軍に敗れ、一年余に及ぶ戊辰戦争は終結した。

戊辰戦争には、薩長を中心とする諸藩兵や農兵（農村から徴集した兵士）が多数参陣していた。明治政府は、これら新政府軍として戦功のあった将士や、維新実現に関する功労者に対して、何らかの恩賞を与える論功行賞をおこなった。その財源には、新政府が没収した旧幕府直轄領、旗本領のほかに幕府に味方した諸藩領からの年貢を充当した。

六月二日、天皇は詔《みことのり》を発して戊辰以来の勲功を賞した。賞典禄である。薩摩藩主島津忠義《ただよし》と久光《ひさみつ》、長州藩主毛利敬親《たかちか》と広封《ひろあつ》（元徳《もとのり》）に各十万石、土佐藩主山内豊範《とよのり》と豊信《とよしげ》（容堂《ようどう》）に四万石、大村藩主大村純煕、鳥取藩主池田慶徳《よしのり》、大垣藩主戸田氏共《うじたか》、松代藩主真田幸民《ゆきもと》、佐土原藩主島津忠寛に各三万石を永世下賜した。

表高二万七九〇〇石余の小藩の大村藩が、薩長土の三大藩につぐ賞を下賜されたことは、破格である。新政府行政官が藩主純煕に宛てた賞典禄証書の添書には、「大村藩は累年、勤王の志が厚く、丁卯（慶応三年の王政復古）以来、隠然と兵を京都に出し、ついで東北の諸軍にも合して、死を厭わずに奮戦奏功し、障壁となって朝廷を守った功績に、天皇が感動し、その賞として三万石を下賜するものである」と記されている。この大村藩への下賜は、大久保、中岡の要請に純煕がすぐに応じて新精隊を上洛させたことに始まり、六百名に及ぶ大村藩士の出兵と上野・奥羽各戦争での戦闘、孤立した秋田藩への援軍派兵などが賞された証である。

純熈以外の大村藩士で賞典禄の配分に与った者は、戊辰の戦に活躍した渡邉清（戊辰戦争までは清左衛門であったが、このころに改名）が四五〇石の永世禄、大村右衛門が四百両の終身禄であった。

ちなみに、西郷隆盛は二千石、有栖川宮熾仁親王は一二〇〇石、大村益次郎は一千石、山縣《やまがた》有朋《ありとも》は六百石の永世禄をそれぞれ与えられている。

開陽丸（復元、開陽丸青少年センター提供）

この賞典禄下賜に際しては、政府内に大村益次郎を首班とする機関がつくられた。大村がその賞典取調方頭取となり、この下で旧水戸藩士香川敬三《けいぞう》と渡邉清が賞典取調御用掛として、配分を専任で協議する立場にあった。清らは専ら軍功に関する者を取り調べ、復古に関する者の取調べはおこなっていない。

清は六月四日に賞典取調御用掛免官となり、七日には清個人に対して政府から戊辰戦功などを賞され、既述の通り賞典禄四五〇石が永世下賜された。これとは別に、大村藩主へ下賜された賞典禄三万石のうち、純煕から清に賞典禄として下賜されたのは十五石であった。なお、弟昇には二十石、長岡治三郎には十三石が配分されている。

維新後の奥羽復興、そして佐賀の乱

明治維新後、渡邉清は西郷、大久保に引き立てられて新政府高官に就任した。まず徴士民部官権判事に始まり、ついで民部権大丞に就任すると同時に三陸磐城両羽按察使判官を兼務、あるいは同判官に専任し、その後には民部大丞として東京に戻った。この間、戊辰戦争で荒廃した奥羽地方の復興に尽力する。

奥羽戦争は、会津藩を中心とする奥羽越列藩同盟と新政府軍との闘いに戦評の重点が置かれるが、農民がどれほど苦しめられたか。著者には、野口英世の生涯を描いた映画『遠き落日』の冒頭シーンが忘れられない。江戸を占拠した新政府軍は会津をめざして急迫し、各地に火を放ち、田畑を踏み荒らして、英世の家でも乏しい食べ物を食い漁るなど狼藉をほしいままにした。

このような奥羽地方にあって渡邉判官ら三陸磐城両羽按察使府は、現在の東北六県をあまねく調査視察し、旧藩と農民の指導支援にあたったのである。これを通して渡邉清は「戦の人」から「人心収攬の人」となった。

奥羽復興に尽力

戊辰戦争による奥羽地方の荒廃

戊辰戦争中、新政府軍と旧幕府軍との間で砲声が轟き、両軍の通った田畑は戦場と化して踏み荒らされ、収穫物や備蓄の食料はすべて強奪された。

進撃した村々への大砲の打ち込み、民家への放火が常套化《じょうとうか》し、また退却の際にも城館や陣営を自焼して去ることは習いであった。村民に自発的に自分の家を焼かせて協力させることもみられた。これら放火、自焼は、家屋や食料などが敵の手に渡らなくする焦土作戦である。立ち退き先も定まらず狼狽するばかりか、山林に逃れて避難する民が、とくに藩堺の村々で多かった。家々には家財、戸障子が一つもなく、畳や敷板まで持ち出して誰もいないという村もあったほどだ。

戦争には武士だけでなく、兵糧、弾薬などを運搬する人や牛馬が不可欠で、軍夫、陣夫あるいは小荷駄などと呼ばれ、農民の負担とされた。さらに、農民は大砲打方手伝、鉄砲打方、小荷駄警衛方などの農兵として強制的に参戦させられ、中には槍または竹槍を持って戦わされた農民もいた。鉄砲に対して槍、竹槍では危険極まりない。多くの農民の戦死は免れなかった。

維新後になっても、奥羽地方の状況は不安定であった。戊辰戦争による荒廃に加えて、明治二年（一八六九）から三年と続く凶作は深刻であり、地方によっては桑も霜焼けでこの地方の養蚕は壊滅的な打撃を受けていた。

これでは怨み骨髄に徹するといっても過言でない。生まれたばかりの新政府に対する民衆の反発が農民一揆となって表れた。明治元年から三年の全国の農民一揆は二五七件、このうち奥羽地方は六二件で全国農民一揆の二割強が奥羽に集中していた。

二十二歳の按察使を補佐

明治維新を迎えて、新政府は開拓使とともに按察使《あんさつし》を置いた。「開拓使」については、明治二年蝦夷地は北海道と改められ、省と同格の中央官庁である北海道開拓使が設置された。「按察使」は開拓使と同格で、明治二年七月八日、戊辰戦争中の「政体書」による太政官政府を改めた「職員令《しきいんれい》」で初めて定められた。この按察使は一年三カ月ほど存在し、その長官職も一代だけであった。しかし、戊辰戦争後、奥羽諸藩の多くが、減封、移封などの処分を受けて混乱の極みにあったとき、三陸磐城両羽按察使は、刻々とその実情を東京の中央政府に報告し、建白した。それが奥羽諸藩の混乱を防ぎ、また、のちの廃藩置県の断行に際して基礎資料を提供することにもなった。

奥羽地方においては、戊辰戦争後の処分と同時に府県の制が布かれた。処分は二十藩に対する減封、移封となったが、大藩では、仙台六十二万石余が二十八万石に、会津二十三万石が三万石に、盛岡二十万石が十三万石になどと厳しく減封される一方、五万石以下の小藩は一割程度の減封で済んでいる。

他方、新政府は処分と同時に、「広く教化を施し、風俗を移易し、以て人民を撫育せんため」、府県の制を布いた。すなわち、陸奥国を磐城、岩代、陸前、陸中、陸奥の五国に分け、出羽国を羽前、羽後の二国に分けると、布告した。中小藩が林立する奥羽地方の統治について、新政府は早くも廃藩置県の考えを示し、その前提としての分国でもあった。そして明治二年五月、処分で没収された元会津若松藩領の岩代に「若松県」が置かれた。

翌六月には、奥羽の巡察使《じゅんさつし》が発令された。

右記の奥羽七国のうち岩代の若松県を除く、三陸磐城両羽巡察使の大任を任ぜられたのは、青年公卿坊城俊章《ぼうじようとしあや》である。俊章は戊辰戦争時、征討軍の総督や参謀などになった公家二十余名のうち、三等陸軍将に任命された四名の中の一人でもあり、巡察使任命時、何と二十二歳の若さであった。

奥羽へ出発準備中の七月八日に按察使への制度改正があった。俊章が按察使に発令されるのは奥羽巡察の途中であるが、一行は按察使府としてであった。

いよいよ出発である。俊章自身の記になる『履歴日誌・両羽三陸磐城按察使』によると、行程は次記に始まる。

七月十三日風雨甚し。早起、参朝。龍顔を拝し、御暇言上す。尋《つい》で布一匹、夏扇一握等を賜う。次で三条実美卿に謁し、事を談じ、午後四時発程。西園寺公望《さいおんじきんもち》、萬利小路通房《までのこうじみちふさ》、八条隆吉送て千住に至る。此夜千住に宿す。付属官員、民部権大丞渡邉清、民部省出任橋本正人・岩崎小次郎・大谷佐久間、出納司権判事近藤忠五郎、同付属石塚三五郎、兵部省史正石川右近、是より先き三陸、磐城藩県へ布告す。

文中、俊章が謁する三条実美、見送りの同じ三等陸軍将西園寺公望の名とともに、付属官員の冒頭に俊章の補佐（判官）として「民部権大丞渡邉清」とあることに注目されたい。このとき清は三十五歳で、按察使府の実権は渡邉判官にあった。もう一人、付属官員の岩崎小次郎は清と同じ大村藩出身で、おそらく渡邉判官の推挙であったろう。

なお、三陸など現在の県名を括弧で示すと、三陸の陸前（宮城県）、陸中（岩手県）、陸奥（青森県）、磐城（岩代を含めて福島県）、両羽の羽前（山形県）、羽後（秋田県）である。現在の新潟県については、越後按察使が明治二年十月から翌三年六月まで臨時的に置かれた。

「人心収攬の人」へ

渡邉判官ら按察使府一行の官員は民部省、大蔵省、兵部省からの派遣者から成り、俊章出発の七月十三日より以前に、彼らは既に布告のため先発していた。前記の履歴日誌によって、奥羽巡察の行程を少したどろう。

（七月二十一日〜二十二日）奥羽地方の入口、白河（白川）に入った。ここは戊辰戦争時、官軍と奥羽越列藩同盟軍との間の激戦地。（二十三日）守山。（二十四日）三春。守山、三春両藩は早い時期に奥羽越列藩同盟を脱退。（二十五日）二本松。最後まで官軍に抵抗した藩。（二十六日〜八月十二日）福島に至る。白河と仙台の中間で交通の便もよく長期滞在して、実情を調査するとともに、報告書や建白書を書き民部卿に届けた。（八月十四日〜二十一日）白石。戊辰戦争で奥羽越列藩同盟の公議所が置かれた白石城があり、周辺は維新後没収されたところだが、白石城には按察使府が設置され奥羽地方の要となった。(二十三日〜二十六日)仙台に入る。大幅な減封を受けた仙台藩だが、荒廃不耕の田地が相当あり、藩を挙げて開墾し、財政を立て直すように伝達した。(後略)

また、渡邉判官に直接関係する記述を同日誌から起こす。

▽明治二年七月二十九日渡邉清をして書簡を持して上京せしめ民部卿閣下に呈す。(後略)
▽八月十二日渡邉清京より帰る。渡邉民部権大丞、兼任両羽三陸磐城按察使判官。
▽十月二十五日渡邉民部権大丞本官を免ぜられ、専ら按察判官に任じ従五位に叙せらる。
▽十二月九日渡邉判官、十一月登京の処今日帰府。御沙汰書に云く。(後略)
▽明治三年二月十九日渡邉按察判官、兼任民部大丞の宣下あり。
▽二月二十七日渡邉判官、急御用に付当月六日登東京、今夜帰府。
▽三月十九日渡邉判官、当月五日石巻県に至り今日帰府。
▽同二十四日渡邉判官明二十六日発若松地方へ巡行に付、(後略)
▽同二十六日渡邉判官、福島、白川、若松へ巡行す。
▽四月十三日渡邉民部大丞、前月より福島、白川、若松を巡回し此日帰府。

この間、清は明治三年二月二十二日付、大隈重信大輔《たいふ》・伊藤博文少輔《しょうゆう》宛て書簡にて「磐城三陸救助之儀は既に手配相附候事故、何卒御聞済《おききなし》拙子よりも奉願上候」（『大隈重信関係文書11』）と認《したた》めている。

このように、渡邉判官ら按察使府一行は、かなりの強行軍で奥羽各地を移動し、各地方の政情や民生を調査、指導している。清は判官の任にあって俊章を補佐し、民部省のある東京へ上ったり、自身も各地へ巡回したりと、多忙を極める。一行の行くところ、戊辰戦争で官軍に協力した藩県や厳しい処分に苦しむ藩県など、悲喜こもごもであったが、渡邉判官らはその実情を中央に報告し続けた。そのうえで建白もし、指導などをおこなった。具体例をいくつか示そう。

按察使府が設置された白石城（白石市役所提供）

戊辰戦争の激戦地白河の巡回後では、民の悪風を正しくすること、農業を出精せしむること、土地を新たに開発すること、民の害を除くことを告示している。按察使府の職員には、中央ばかりでなく奥羽諸藩士からも登用をおこない、現地へ篤く配慮した。とくに仙台藩については、北海道への移住、入植を計画支援し、明治三年四月には二五〇人の家臣団の移住となった。その後、十四年までに約二七〇〇人の挙藩開拓に成功し、有珠《うす》郡は伊達《だて》町（現北海道伊達市）と改称した。

冬には積雪が深く、清たちは二年十一月から白石按察使府に在府せざるを得なかった。東北地方は数年続きの不作に加え、翌三年は深刻な凶作となったため、白石での仕事はまず飢饉対策であった。とくに飢餓状態のひどかった磐城・岩代両国の諸藩県には、多額の融資をおこなうとともに、中央にベトナムのサイゴン米の輸入を要請、到着した米五千石を元価で払い下げている。

また、各地で農民一揆や反政府陰謀、貨幣偽造などが頻発したので、警察権、軍事権も持った按察使府は明治三年中、諸事件の解決に終始したのも事実である。

こうして開府（明治二年七月）から廃府（三年十月）までの一年三カ月、渡邉判官ら按察使府は、維新後奥羽の混乱を抑えて復興に尽力し、また廃藩置県断行（四年七月十四日）の基礎づくりをおこなった。

改めて、按察使の俊章を第一に補佐したのは渡邉清判官で、実権は彼にあった。清はこのとき、俊章より十三歳上の三十五歳、働き盛りであった。

按察使判官として、戊辰戦争から間もない戦場跡を見るにつけ、さらに民情に接するにつけ、奥羽巡察さらに奥羽復興を通して、幕末から維新にかけて戦いに明け暮れていた武士としての清は、政治家としての清に生まれ変わったのではないだろうか。心情的には、庶民をはじめとする人々の気持ちを受け止め、人々の信頼をかち得るという「人心収攬《じんしんしゅうらん》」の大切さを身に着けたと推断したい。

茨城県令心得に就任

党派争いを鎮撫

廃府後、渡邉清は民部大丞として東京に戻り、明治四年七月二十日、厳原《いずはら》県権知事となっている。この権知事は、旧対馬藩主で維新後に厳原藩知事となっていた宗義達《そうよしたつ》（のち重正《しげまさ》）の辞任を受けたものである。しかし、その在任は一カ月余りであって、同年九月四日、清は大蔵卿大隈重信配下の大蔵大丞に転じている。この時期、大蔵省にはのちの大実業家渋沢栄一がおり、商法に無関係の道を歩んできた清に株式会社のことなど影響を与えた。

ついで清は、明治五年七月十八日から八月八日まで、茨城県令心得に就任している。このときも厳原県権知事と同様にきわめて短い期間であったが、同県は旧水戸藩士の不穏な動きがあり、中央政府はこれに対処するため、清に白羽の矢を立てたのである。政府が清の奥羽復興への尽力を高く評価して、と考えるのは正鵠《せいこう》を射ていよう。

その不穏な動きについて、明治二年、版籍奉還ののち水戸藩知事に任命された旧藩主徳川昭武《あきたけ》は、政府に対してつぎのように上申している。

「水戸の土地柄は偏隠頑固で、幕末から維新にかけて党争が熾烈だったため、人心が定まらず、旧幕時代二百年間の古い殻からいまだに抜けきれず、そこには新しい時代の到来も理解できぬわからずやが少なくない。事があった場合には武力鎮圧の必要すらある」

ここで水戸藩内の党派の争いに触れる。

水戸藩は幕末、大きくは尊攘派（勤皇）と保守派（佐幕）とに分かれ、さらに前者には激派の天狗党とゆるやかな改革をめざす鎮派があった。後者には尊攘派と対立する藩校弘道館《こうどうかん》の学生らが結集し、彼らは諸生といったので保守派は諸生派と呼ばれた。これら水戸藩の尊攘派と保守派の抗争は武士階級から農民階級にまで広まり、明治維新にかけて癒しがたい傷痕を残すこととなった。

明治四年七月の廃藩置県段階では、旧来の藩を県に改めただけであったが、十一月十三日には中央集権の趣旨に沿うように大規模な県の統廃合があり、常総地域においては茨城県、新治《にいはり》県、印旛《いんば》県が誕生した。地方長官はすべて中央政府から任命された。茨城県には参事山岡高歩《たかゆき》（前出の山岡鉄舟）、新治県は権令池田種徳《たねのり》、印旛県には県令河瀬秀治《ひではる》が就任した。

しかも茨城県では、長官の交代が目まぐるしかった。初代の山岡高歩は十一月十三日任命され、わずか二十六日後の十二月九日には辞め、山岡参事のもとで権参事をつとめていた元水戸藩家老の山口正定《まさただ》が長官代理となった。しかし、それも束の間、山口は明治五年七月二十日に免職となり、中央政府の大蔵大丞渡邉清が、県令を置かないまま県令心得として東京鎮台兵二個小隊を率いて入県した。

渡邉の辞令は、

明治五年七月十八日
御用有之茨城県出張被仰付候事

但県令ノ心得ヲ以テ事務取扱可致事

大蔵省

となっている。茨城県に出張が本務で、但書で県令心得の辞令である。発令者が大蔵省であることにも注目しなければならない。県令であれば発令者は太政官であり、清の任務は茨城県政全体に及ぶこととなるが、心得の発令は特命事項として与えられたものだった。

すなわち、幕末に熾烈をきわめた水戸藩内抗争の根は深く、かつての諸生派と天狗党とのしこりは明治に持ち越された。この殺伐な気風を除去するというのが渡邉大丞入県の表向きの理由だが、維新後の地方政情には不安があり、維新後の諸改革、とりわけ廃藩置県による家臣団の解体によって士族の生活基盤が破壊される中で、ここ水戸の地には不平不満が高まっていたことは当然予想される。こういう事情からすれば、「県令心得」という立場の清の本務は、これらの人々を鎮撫することにあったのである。清が東京鎮台兵二個小隊を率いて入県したことは、それを裏付けていよう。

清の着任に伴い、県庁にいた旧水戸藩士は残らず馘首され、政府派遣の官僚が県政を握った。「県官悉《ことごと》く更迭して水戸出身のもの一人も留まるものなし。時に浮説紛々人心恟々たり」（服部鉄石著『茨城人物評論』）といった状況であった。

明治五年一月二十九日、茨城県庁は水戸城西郭（三の丸）の弘道館に開設された。清入県五日後の七月二十六日、この水戸城が焼失し、櫓など一、二を残すのみといった惨状になってしまった。何者の仕業かわからない。清は「その事、実に怪しい。よって厳しく捜索するといえども、証拠もない。人心は不穏となって日夜苦心」する。八月中旬、司法省官員が出張して、やっと十四名を逮捕した。続いて三十余名を逮捕し、ついに容疑者は百名近くになってしまった。

放火の理由は、水戸を「他藩の者に蹂躙《じゅうりん》させたくない」ということだったといわれる。清は大村藩出身である。また、戊辰戦争の際、奥羽追討参謀となり、奥羽に軍を進めた経歴も一部の水戸の士族を刺激したかも知れない。清が按察使判官として奥羽復興に尽力したことを知らずやである。

この事件で、酒泉直、長谷川清、三木直、藤田任ら十七名が嫌疑を受け、長谷川が首魁と目され、いずれも「捕えられて獄に投じ、さらに東京司法省へ護送された。取り調べは過酷さを極め、問い詰め甚しく体に完膚なきものであった。獄にあること三年。(明治)七年五月七日、冤《えん》解けて水戸に帰る」と、服部鉄石は、その著『茨城人物評論』の中で切々と書いている。

水戸城炎上前の七月二十三日に渡邉県令心得は、「党派争いの禁止の告諭」をつぎのようにおこなっている。「(前略)人を募り党を援けて互いに仇視し自然その本業に励まず、ついには禍災をもたらそうとする。これは実に不良の所行である」。続けて「今日にあってはたとえ積年の怨みがあるといっても、私を捨て公に尽くして上は協和し下は友交を厚くするのは、人として当然の事であろう。それぞれ将来の方向を弁《わきま》えよ」と諌めている。

茨城県令心得は一カ月足らずで、渡邉清は八月八日には水戸を去り再び東京に戻った。しかし、彼はその後も大蔵大丞として、十一月六日偕楽園《かいらくえん》に官員の集会があったとき臨席してつぎの言葉を示達した。「党派の弊害の説諭」である。要旨を記す。

士民の党派あることは政途の障害に他ならない。ゆえにここに党派の弊害を絶たれんことを告諭する。しかしまだ共和の風には至っていない。烈公がこの偕楽園を設けたのは、士民を共和ならしめるためである。よって今日烈公の廟下に会しその遺意を継ぎ、管内党派の気を消滅し和気の域に向かわれんことを望むものである。諸官員がこの意を体せば、公の慰霊になろう。

清は先に七月「党派争いの禁止」を告諭していたが、党派争いが依然として解消しなかったため、改めて烈公（水戸藩第九代藩主徳川斉昭《なりあき》）が創設した偕楽園での官員集会において「党派の弊害」を説諭し、再度党派争いを止めるよう求めたのである。

これら告諭、説諭は水戸士族に対するものであったが、一方で清は水戸城火災容疑者取り調べ中の明治六年一月に左院宛て、大蔵大丞渡邉清の名により『嘆願書』を提出している。その内容は容疑者に対する寛裕の吟味を乞うものであった。この嘆願が採択されれば、「臣速やかに県地へ馳せ、厚く教諭を加えて党派の病根を絶つ」と謳い、清がいかに茨城県の党派争いを解決しようとしていたかがうかがえる。

商社設立の奨励

茨城県での党派争いは相当に熾烈なもので、なかなか完全には解消しない。清の心中を察すれば、何とか茨城県を難治県から脱却させ、他県と同じく近代化の波に乗せたいという思いが強かったろう。その気持ちは同県の殖産興業にも向かう。自身が大蔵省に在籍していたことがそうさせたに違いない。

当時、大蔵省には渋沢栄一の姿があった（『渋沢栄一伝記資料』）。渋沢は天保十一年（一八四〇）現埼玉県深谷市に生まれ渡邉清より五歳下である。商才などを認められて明治二年（一八六九）十一月明治新政府に招聘《しょうへい》され、三年八月大蔵小丞、四年五月大蔵権大丞、同年八月大蔵大丞を経て、五年二月から大蔵少輔事務取扱として六年五月退官まで在職している。したがって、清は自身入省の四年九月から渋沢の僚友であり、五年二月からは渋沢を直属上司としてその退官まで仕えた。商法に縁遠かった清も、渋沢と同職になったことで株式会社制度などの知識を身に着け、その見識は茨城県における商社設立として実を結ぶ。

茨城県は殖産興業政策を進めるため、明治五年十月に県庁租税課の中に開産掛を設けた。そのうえで渡邉大蔵大丞は、東京の島田八郎左衛門のほか水戸の豪商十六人に勧めて、殖産資金の貸付を主要業務とする商社、すなわち開産会社を設立させることとした。『茨城新報』第二号（明治五年十月）によれば、渡邉大蔵大丞の「商社設立勧奨」は富国強兵万国対峙を謳ったあと、次記をいう。

「わが茨城県は旧藩主源義公烈公が善政を施されたところなれば、今日維新の時に天下に先んじて大いに朝廷の助補となるべきであるのに、いまだ奮励する者なく今日の開化に後れることは、実に県下人民の遺憾とするところである」

さらに、

「私はいまこの地に至って無念に思わざるを得ない。このため大蔵省に請い、施行することを求めた。県下の商売は幸いに二公の遺意を汲み、他方私自身は努め励み尽力して、商法の方法を盛大にし後栄を謀ることができれば、これは独り一県の幸いではあるまい」

渡邉清の、茨城県下の豪商をして商社の設立を奨励し新しい時代へ対応するようにとの、切々たる気持ちが如実に表れている。この勧めに応じて水戸の豪商たちは、同年十一月に会社定款である規則を定めて、翌六年一月に水戸柵町（現茨城県水戸市）で開産会社を開業した。ついで同月、渡邉大蔵大丞は太田村（同常陸太田《ひたちおおた》市）の豪商を招いて、開産会社第二支社を分設するよう勧誘した結果、五月に開産会社第二支社が設置され、さらに湊村（同ひたちなか市）においても開産会社第三支社が設立された。

開産会社の定款では、株式は一株五百円という高額であったため、株主は当然各地の豪商または富商といわれる金持ちの商人に限られていた。同社の営業科目の第一は貸付である。貸付利子は年利一五パーセントであり、貸付担保は商品のほか田畑（不動産）であった。第二は為替、つまり送金と取り立ての業務、第三は商品の委託販売であり、第四に預金の取り扱いがおこなわれた。預金金利は年一〇パーセント、預け入れの金高は五十円以上としていたから、当時としては非常に大口の預金を扱っていた。このように開産会社は銀行類似業務と問屋業務を営む会社であった。開産会社の具体的な事業内容はほとんど不明であるが、主流は旧来の藩や村に代わって開産会社から営農資金を貸し付けようとしたもので、当時の輸出産業の花形ともいうべき養蚕・製茶業振興の意図が明らかである。

明治六年四月十日、太政官は渡邉清に白羽二重《しろはぶたえ》二匹を贈って労をねぎらっている。このことは彼の水戸藩士族の不和鎮静の尽力を賞するとともに、茨城県令心得が短期間であったにもかかわらず、その後も大蔵大丞として指導にあたったことを裏付けるものである。このように渡邉清が手を尽くして鎮撫に努め、さらに近代的な商社設立まで勧めて人心収攬に腐心したことは、高く評価されてよい。

明治六年の政変と佐賀の乱

高まる士族と農民の不満

時代は維新を迎えて急変し、明治政府による近代化は明治四年二月大阪造幣寮の開業、同年三月郵便制度スタート、五年九月新橋―横浜間の鉄道開業、同年十月官営富岡製糸場の開業、同年十二月太陽暦の採用などと目まぐるしく、農民と士族（元武士）には新制度が重くのしかかった。

維新諸改革の中で、庶民に直接影響したものは学制、徴兵制、及び地租改正で、これらを総称して「明治の三大改革」という。

明治四年七月、文部省が設置され、翌五年八月二日に「学制」（太政官布告第二一四号）が頒布された。この学制にしたがって小学校が多数建設されたものの、学校の設置・維持費は住民の負担であった。さらに、授業料も学制では月額五十銭または二十五銭と高額な規定であったため、当然民衆は反発した。実際に徴収しえた授業料は、だいたい一銭から二銭くらいまでだったという。

明治国家を支える支柱の一つと考えられたのは、常備軍である。明治五年十一月二十八日、「全国徴兵の詔」と太政官の「告諭」が出された。その十五日後（この間、太陰太陽暦から太陽暦への改暦があった）の六年一月十日には「徴兵令」が発布された。

これによって、満二十歳の男子は、三年間の常備役（全日制勤務）、その後二年間の第一後備役（年一回の短期招集・訓練）、さらにその後に二年間の第二後備役（勤務はしない）、計七年間の兵役義務に服さなければならなくなった。このほか常備役、後備役以外の十七歳から四十歳までの男子で、免役者以外は、すべて国民軍として兵籍に登録されることになった。

しかし、非常に広範囲の兵役免除規定があったため、徴兵対象者の八、九割は免役となり、実際の入隊率はわずか三、四パーセントにすぎなかった。そうはいっても、徴兵制が庶民の負担となったことには変わりない。

明治六年七月二十八日、「地租改正」に関する詔書が下され、太政官から、地租改正条例や、地租改正施行規則の布告が出て、地方官はその実施に従事することとなった。福岡県では、翌七年十二月に、就任して間もない新県令渡邉清によって、「告諭ノ文」及び「地租改正布達」が発布された。

地租改正の要点はつぎのようであった。すなわち、土地所有者を確定し面積の測量など土地調査をおこなって地租を決定する、税率は特別の場合を除き豊凶に関係なく百分の一とする、地租の納税はこれまでの物（米）納に対し金（現金）納とする。

この地租改正により租税が金納にはなったが、小作料は依然として封建制そのままの、むごく厳しい取り立てであった。これに加えて、不換紙幣の官札の発行などによって物価は騰貴し、かえって生活を脅かすようになった。

華士族へは「秩禄処分」がなされた。「秩」とは官職に対して賜る俸給をいい、「禄」とは官吏などの俸給である。したがって、戊辰戦争後の公卿や諸藩主、藩士に対する論功行賞としての賞典禄は前者に、それまでの士族に対する家禄は後者に相当する。

戊辰戦争後の賞典禄だけでも、新政府の財政を圧迫していたであろうことは想像に難くない。とくに士族に対する家禄については、それまでは当然藩が負担していたが、廃藩置県後は政府が支給することになった。廃藩置県以前に家禄は大幅に削減されていたというものの、それでも政府の財政収入の約三分の一にあたるほど巨額であり、近代化政策を推し進める財源の大きな制約となっていた。

明治維新となって政府は四民平等を謳ったが、それでも華族、士族、平民の身分差別はあり、人民の間では、華士族が家禄支給を受けていることに対する非難が急激に高まっていった。明治六年の徴兵制施行によって、士族の最大の存在意義と考えられていた軍事が、人民の義務となった。

ついに明治九年八月五日、「金禄公債発行条例」が公布された。華士族三十一万人に対し、金禄の五〜十四年分にあたる金禄公債証書を交付して、家禄支給は最終的に打ち切られた。維新政府による家禄処分は、形式上は有償廃止だが、実質的にはその六割以上が切り捨てられたのであり、どちらかといえば無償に近い有償廃止であった。もちろん、賞典禄についても同年同じように廃止されたことは、論を待たない。

明治二年の版籍奉還によって旧来の特権階級である士族の地位は失われ、徴兵令によって武事独占者としての誇りも失われた。しかも、旧来の因習の破棄と、文明開化の新思潮の中で、士族は、時代の敗残者として取り残され、政府及び官吏に対して反感を持つようになった。これに拍車をかけたのが秩禄処分と廃刀令である。

他方、学制、徴兵令、地租改正は庶民に重い負担を強いた。地租改正に対する農民の抵抗は大きく、これに反対する農民一揆は、明治八年十月ごろから急増、九年末をピークとして、七年二件、八年十件、九年十九件などとなっている。

とくに九州（山口を含む）においては、維新を迎えた時代の急変と新制度への反発は強く、士族反乱と農民一揆が頻発した。前者では佐賀の乱、神風連《しんぷうれん》の乱、秋月の乱、萩の乱、西南戦争、福岡の変などが、後者では企救《きく》郡の一揆、田川郡の一揆、筑前竹ヤリ騒動などがある。

渡邉清の目にはこれら士族、農民の姿はどう映ったか。清が三陸磐城両羽按察使判官として奥羽地方の巡察にあたったのは明治二年七月〜三年十月で、明治三大改革や秩禄処分の二、三年前のことであった。当時清は、奥羽各地方の政情や民生を具《つぶさ》に調査し指導、援助に粉骨砕身した。

これらの経験から、秩禄処分などに不満をもつ士族たちは、戊辰戦争に敗北し厳しい処分に苦しんだ諸藩武士の姿と違わず、地租改正などに苦しむ農民たちは、戊辰戦争に荒らされた奥羽の民と同じかそれ以上の苦しみに喘いでいるではないか。両者は重なり映じた。

時代の変遷といえばそれまでだが、とくに九州については大村出身の自分として「人心収攬の身、何とかしたい」と心は逸《はや》ったのではないだろうか。

明治六年の政変

明治の三大改革などで農民、士族の不満が募る中、明治六年十月新政府は、西郷隆盛の「朝鮮使節派遣問題」で大分裂した。世上、「西郷は征韓論に敗れて下野した」といわれるが、事実はそうではなく、逆に西郷は征韓論に反対であったともいわれている。

政変の背景には、朝鮮外交の停滞があった。徳川時代、日朝関係は友好状態が保たれ、徳川将軍の代替りごとに朝鮮通信使が将軍を訪問するほどであった。明治維新となって、日朝通信関係は途切れ、明治新政府は国交継続を求める国書を朝鮮側へ送ったが、受け取りを断られた。ついで明治二年六月の版籍奉還に伴い、「職員令」で設置されたばかりの外務省が、朝鮮側の出先に交渉を申し入れたが、接触自体が拒否された。

明治四年七月の廃藩置県で、徳川時代、朝鮮通信使の仲介をしていた旧対馬藩の厳原藩も廃止された。外務省は、旧厳原藩と朝鮮との関係を整理しなければならないと決意し、日本側の朝鮮の出先である釜山倭館の管理や旧厳原藩の債務の肩代わりをしようとしたが、朝鮮側に反発された。いよいよ日朝関係は悪化してきた。

そこに起きた釜山での日本人非難により、六月に外務省は左記案を全参議出席の正院（現在の内閣に相当）に提出し、審議を申請した。すなわち、不慮の暴挙に備えて倭館在住の日本人保護のために陸軍若干と軍艦を急派するとともに、使節を送り談判したいというものであった。これに反対したのが陸軍大将兼参議の西郷隆盛である。西郷は、使節は非武装で任務にあたるべきと主張し、かつ自分が使節を引き受けたいと申し出た。そのころロシアの南下が危惧され、西郷は日朝両国が協力してロシアの脅威を防ぐべく、その第一歩として自ら朝鮮国を訪ねて国交を調整し、友好協力関係を築こうと決意していたのである。

閣議は、岩倉具視遣米欧使節団の帰国を待って、十月十四日に開催された。使節団に加わっていた大久保利通は、内政優先を理由として使節派遣に反対であったが、西郷の朝鮮使節派遣が正式に決定された。しかし、途中に病気で倒れた三条実美太政大臣に代わって、代理の岩倉具視は同月二十三日、天皇に閣議決定を上奏するとき、裁可は望ましくないとの個人意見を付加した。若い天皇は岩倉に逆らえず、翌二十四日に閣議決定は不裁可となった。

正当な手続きを踏んだ閣議の決定の不裁可は、天皇の正院不信任を意味する。したがって、天皇の信任を失った全参議は辞表を提出しなければならなかった。九参議の辞表のうち、二十四日付で西郷隆盛、二十五日付で板垣退助、後藤象二郎、江藤新平《しんぺい》、副島種臣《そえじまたねおみ》が受理された。一方で、木戸孝允、大隈重信、大木喬任《たかとう》、大久保利通の四名は差し戻された。

ここに内閣は大分裂した。辞表を受理された者は、閣議で大久保の使節延期論を批判していた。西郷は桐野利秋とともに、三日後には東京を去って鹿児島に帰った。「明治六年政変」はこのようにして終焉した。

朝鮮問題が政府内で紛糾するにつれて、薩長二藩出身者の間でも混乱が起きた。伊藤博文、黒田清《きよ》隆《たか》、井上馨《かおる》、寺島宗則《むねのり》、陸奥宗光《むねみつ》らは、西郷の朝鮮使節派遣に反対であった。一方、賛成側に立ったのは、西郷の側近の陸軍少将桐野利秋、同篠原国幹《くにもと》をはじめ、西郷が大将である陸軍部内の首脳者たちであった。内閣瓦解を恐れた岩倉は大久保らの助力を得て、政府部内の動揺を抑えて新内閣を組織するとともに、征韓論者や反政府者の取り締りを強化した。

このようにして、大久保を中心とする中央集権官僚制の新内閣が発足した。大久保は内務卿に就任し、官僚制支配体制の強化・推進を図った。新設の内務卿の権限はきわめて大きく、全国の知事を統べることで間接的に全国の警察権を掌握した。

このとき、渡邉清は大蔵卿大隈重信を補佐する大輔、少輔につぐ大蔵大丞であった。清にとって「明治六年の政変」はどう映ったか。西郷、大久保は戊辰戦争をともに闘い、明治維新を迎えても新政府高官に取り立ててくれた二人。清が両者の間にあって板挟みになったとしてもおかしくない。しかし、清には確固たる信念があった。奥羽復興の現地を目の当たりにした経験から、朝鮮半島の外地に目を向けるどころではなく、新時代の到来に戸惑い新制度に苦しんでいる内地にこそ国力を傾注すべきと。

政変の起こる以前の明治六年四月六日、小野組転籍事件が発生している。当時、各官省の国庫金を取り扱い中央銀行の機能を有していた小野組が、京都より東京への戸籍転籍を求めるが、京都府が拒否することに端を発した事件である。司法省が起訴する行政裁判となり、陪審員に相当する参座員九名の一人として大蔵大丞渡邉清が選任されたが、直後に交代させられている。清を大久保派と捉え、米欧外遊中に内政をいじくった自分を忌み嫌う大久保への、司法卿江藤新平の意趣返しではなかったろうか。

江藤新平、佐賀に起つ

佐賀藩が、維新当初からの雄藩として、薩長土の三藩とともに版籍奉還をおこなうなど、開明的で諸藩の先達的な藩として活躍してきたことは事実である。しかし、維新から時が経過するとともに、その存在感が希薄化し、薩長土の後塵を拝するような立場となってしまった。

これを憤慨して、機会があればいつか雄藩佐賀の実力を見せてやろうと思っていた者は多かった。明治二年ごろから朝鮮問題が起き、五年ごろから征韓論が盛んに議論されるようになると、佐賀の士族の中には、好機至れりとばかりに奮起し征韓の準備を進める者も、少なからず存在していた。当時佐賀には、朝鮮問題に関しては、征韓派、憂国派、中立派の三派がいて、征韓派は約五千人、憂国派約一万人、中立派約五百人の同志を擁していた。

明治六年十二月、征韓派の中島鼎蔵《ていぞう》ら四人が上京して江藤、副島らに会い、佐賀の実情を伝え帰郷しての指揮・鼓舞を訴えた。二人は、佐賀の征韓派や憂国派が予想以上に先鋭化していることに驚き、一度佐賀へ戻り暴挙を起こさないように鎮撫せねばと思い、中島らに帰国の意向を伝えた。このことを漏れ聞いた板垣退助は、直ちに江藤、副島に「火に油を注ぐことになるので、帰国を思いとどまるように」と忠告した。副島は納得して帰国を取りやめたが江藤は聞き入れず、七年一月十三日佐賀に帰った。江藤の帰国で征韓派はますます気勢を挙げるに至り、江藤は党首に祭り上げられたのである。

政府では、江藤の急遽《きゅうきょ》帰国を聞き、江藤が佐賀の不平士族らを煽動し、反政府運動や征韓運動など、何らかの騒動を起こすのではないかと、非常に憂慮した。大久保利通は、高知県人の岩村高俊《たかとし》を佐賀県権令に任じて佐賀へ派遣することとし、陸軍卿山縣有朋と協議のうえ、岩村に「熊本鎮台兵を率いて佐賀入りせよ」と命じた。

これとともに三条実美太政大臣は、顔見知りで佐賀出身の島義勇《よしたけ》を呼び、「佐賀の憂国派の士族を巧くまとめて、征韓派の過激な動きを牽制《けんせい》してほしい」と頼んだ。承諾した島は、長崎へ向かったものの、船で偶然乗り合わせた岩村と意見衝突で取っ組み合いの喧嘩となってしまった。島の佐賀への思いは岩村憎しに変わり、島が佐賀入りしたときには、鎮撫どころか憂国派の党首に推されていた。島は江藤と協調し、佐賀の征韓派と憂国派の連合が成立した。かくして歴史には、「江藤新平の佐賀の乱」の言葉が残った。

大久保利通と「佐賀の乱」へ

時を遡る明治六年二月三日、佐賀士族が小野組が預かる官金を略奪したとの報が、大久保利通内務卿の許に届いた。この報は事実無根であったのだが、政府にあっては、佐賀士族らの動きが一段と激しくなり、早いうちに鎮圧せねばならないと考えていた矢先であった。

大久保は自ら願い出て、二月十日に佐賀の士族鎮定のために軍事、裁判の全権を委任され、即日熊本、広島、大阪の三鎮台に佐賀への出動を命じた。二月十三日、大久保は東京を発って横浜から北海丸に乗船。大阪へ行き、十九日、海路コスタリカ号（ニューヨルク号に乗船とも）で博多に到着して、本営を市内中島町に設置した。

このとき、東京から大久保に同行した一行の中に、大蔵大丞の渡邉清がいた。すなわち、「大蔵大丞渡邉清外一名九州へ出張届」が大蔵卿大隈重信より太政大臣三条実美宛てに二月十五日付けで出されている。大久保はなぜ清を同行したのか。

もちろん地元士族に対応させる目的があった。大村出身の清以外にも、佐賀出身の外務少輔山口尚芳、熊本出身の侍従米田虎雄も同行している。しかし、この目的だけではあるまい。著者は、大久保が清の武士、そして為政者としての経験を高く評価・信頼していたからだと判断する。清には、上野戦争や磐城の戦いをはじめとする戊辰戦争での民家の放火行為など、実戦に留まらない被害の実情を知ることに加え、奥羽復興に携わって戦後の庶民の苦しみも熟知していた。さらに過ぐる五年七、八月、茨城県令心得として旧水戸藩士の不穏な動きの鎮撫に手際よく成功した手腕も買われての随行であったろう。

この豊富な経験を通して渡邉大丞は、隣県士族の警戒や佐賀城が占拠された場合の佐賀勢遁走路の確保、遁走後の民家放火の可能性、脱走徒党の探索・捕縛、さらに庶民を犠牲にしないことなど、乱中乱後の対策を大久保に進言したのではないだろうか。事実、佐賀の乱では、兵火による焼失民家が佐賀、福岡、三潴《みずま》の三県で一四〇三戸もあったという。

征討軍が佐賀進撃を始めたのは二月二十二日であった。その構成は、近衛二大隊と東京鎮台の一中隊、大阪鎮台の第四、第十大隊と砲兵一個隊、熊本鎮台第十一大隊の右半大隊より成っていた。かくして二十二、二十三日両軍の間で熾烈な戦いが始まったが、二十七日には佐賀勢は総崩れとなって敗走してしまった。三月一日、征討軍は全軍が佐賀城下に入った。

さらに、佐賀征討の命を受けていた広島鎮台の兵も、二月二十七日博多上陸を経て、三月三日に佐賀城下に入った。この乱で、政府軍の動員数四三七一人、艦船十三隻、戦死一九〇人、佐賀勢の戦死者一六七人であった。

乱鎮定後、佐賀の乱に参加した征韓・憂国両党員の探索、捕縛、審問、武器類の押収など、つぎつぎと乱後の収拾対策が強行された。とくに佐賀から脱走した両党幹部の捜査には、九州一円はもちろん、四国、中国から遠く清国にまで及んだ。渡邉大丞は、大村、諫早など長崎県士族を指揮して長崎を警備中、白河県（現熊本県）に不穏な動きありとの情報で出張を命じられ、三月六日に巡査五人と探索に入った。

すなわち、三月八日付大隈大蔵卿宛て「渡邉清書翰」に、

「私、去る三日長崎出発、四日佐賀表に来たところ、白川県において先月十七、八日議論沸騰し一時

危うき事態となり内務卿（大久保利通）も頗《すこぶ》る懸念の折から、脱賊多くは同県管内に潜匿《せんとく》との聞こえもあり、同県へ出張を申し付けられ、昨六日白川県に着いたところです」とある。この白川県出張については、四月二十五日付大久保利通の「佐賀の乱鎮定の復命書」にも「渡邉大蔵大丞増田五等議官ヲ白川県へ遣ス」と明記されている。渡邉大丞は八日、佐賀士族との合流を協議したとして住江《すみのえ》甚兵衛らを捕縛、調査した。

江藤新平は、佐賀勢総崩れ前に佐賀を脱出し、鹿児島に西郷を訪ねて挙兵を懇願したものの承知されず（三月一日）、高知に渡っても林有造《ゆうぞう》と片岡健吉《けんきち》に冷遇され門前払いされた挙句（三月二十四日）、阿波に向かう途中の土佐安芸郡野根村（現高知県安芸郡東洋町）で捕縛された。三月二十七日のことである。一方の島も、江藤と別途行動の佐賀脱出後、鹿児島にて捕縛されるに至った。

江藤・島両人は佐賀に護送され、四月八、九日の二日間だけの裁判ののち佐賀城内の刑場にて斬刑、首は梟首《きょうしゅ》された。ときに明治七年四月十三日午前六時、江藤行年四十一であった。

佐賀城城門門扉の弾痕

博多の本営で戦況の進展を見ていた大久保は、三月一日に佐賀城下に入っていた。四月九日裁判を聞き、「江東陳述曖昧実ニ笑止千万人物推而知《おして》ラレタリ」、十三日梟首が申し渡された様子については、「江東醜体笑止ナリ」と日記に記している。自らが構築した明治政府を外遊中にかき回し、結果として竹馬の友西郷との訣別をもたらした江藤への強い憎しみが表れていると読んでよかろうとは、東京大学名誉教授御厨貴《みくりやたかし》の弁である。

乱鎮圧後の渡邉清の帰京は、「大蔵大丞渡邉清佐賀県ヨリ帰京届」が七月十七日付けで大隈大蔵卿より三条太政大臣宛てで出されている通り、同月十五日であった。

佐賀の乱は四月中旬の裁判処断をもって終焉し、渡邉大丞の帰京は七月中旬である。この三カ月間、清は何をしていたのだろうか。

清の福岡県令着任が帰京二カ月後の同年九月であることを考えれば、その着任への準備であったとみる。福岡県では前年に筑前竹ヤリ騒動があり、熊本県をはじめ九州各県では士族の不満が依然として燻《くすぶ》っていた。とくに薩南における西郷の存在は大きく、そして福岡県は九州の要であった。大久保はこれら実情を熟慮して、信頼できる渡邉清に福岡県の守りを託し、士族の動静や民情を探るなどその準備をさせたに違いない。

渡邉清にとっての江藤新平

佐賀の乱を起こし梟首された江藤新平を、渡邉清は評価していた。明治三十年十一月、江戸城無血開城の経緯を紹介した折に付言した次記である。

彼（江藤新平）は佐賀の兵を率い中仙道から来た。この事は後で聞いたのだが、新平が江戸に着するや直ちに町奉行所（評定所の誤り―引用者注）に踏み込んでその書類を悉く取りまとめた。このことについては誰も気がつかぬのである。維新後に至って皆なその書類を基にしてやったことは余程ある。その後に至って大蔵省でも民部省でも、布令を発することに付き参考となって益を得たること少なくないことであるから、これは江藤の功であると思います。

前段に注目しよう。清はあとで聞いたと話しているが事実だろうか。

江藤は文久二年（一八六二）六月脱藩上洛して木戸と深く親交し、一旦許されて帰郷するも慶応三年（一八六七）十二月再度上洛、三条、岩倉に接近したのち土佐藩士某とともに江戸へ下っている。それから一カ月もしない慶応四年正月戊辰戦争が始まるや、佐賀藩は東征軍に一部藩兵を送り、北陸道から参戦した。佐賀藩の活躍は秋田藩への援軍と、上野戦争、会津城攻撃におけるアームストロング砲によるところが大きい。

したがって、江藤が佐賀藩兵を率いて中仙道から来たという事実はない。戊辰戦争において佐賀藩、江藤ともに軍事面や政局で表面に立つことは多くなかった。その証拠に、戊辰戦争後の論功行賞は佐賀藩主二万石、江藤は百石で文官として最下位に近い。明治政府において江藤は左院副議長から司法卿となるが、ここではその経緯には触れない。

江戸城が開城されるとともに江藤は評定所に至り、政治・財政に関する帳簿類、国別明細図などを押収した。奥羽復興、茨城県の党派争い鎮撫を通して記録、報告をし布令を発することの大事さを熟知している渡邉清だからこそ、これら図書類が新政府にとって必要欠くべからざるものとして、江藤の功を評価したのである。

大久保に同行し、その目で見た佐賀の乱。士族が乱を起こすとは、あってはならないこと。士族は苦しいだろうが庶民とともに新時代に対処し、近代化を成し遂げるべきと。清の脳裏には、奥羽巡察でみた各藩の苦闘、とりわけ仙台藩が挙藩体制で北海道に渡り新天地伊達町を切り開いていった姿があった。

そして江藤の梟首である。竹馬の友西郷との訣別をもたらした江藤への大久保の強い憎しみは理解できたが、斬刑は仕方ないとしても梟首までは思わなかったに違いない。大久保亡きあとではあったが、冒頭に掲げたように清は江藤の功を評価していたのである。

この評価から十四年後の明治四十四年三月七日、第二十七回帝国議会において、二十二年の大日本帝国憲法発布による大赦で江藤の罪名消滅が満場一致で議決された。

福岡県令就任と揺れる九州・萩

明治維新は福岡の庶民にはどう捉えられていたのだろう。福岡藩県の大部分を占める農村の暮らしはあまり変わらず、御一新は武士たちの問題で、自分達にはほとんど無関係であった。しかし、明治四年（一八六九）七月には福岡藩贋札事件が断罪され、その十二日後には廃藩置県が断行されて福岡県が誕生した。それも束の間、学制、徴兵制、地租改正と、明治維新は急激な近代化とともに農民ら庶民に重くのしかかっていく。福岡藩贋札事件が起きたとき、藩知事の旧藩主黒田長知は閉門、城中退去となり、一家は東京へ転住していった。このとき、藩内の郡町浦より藩主の東京移住に反対する嘆願書が陸続と県庁へ差し出されている。

これらを背景として筑前竹ヤリ騒動が、ついで秋月の乱など士族の反乱が勃発する。その鎮圧に乗り出したのは庶民からなる鎮台兵と組織ができつつあった警察であった。当時の警察は今日と違って自治体警察であり、福岡県では渡邉清県令の配下にあって、清は県令としても警察組織のトップとしても乱鎮圧の全面において陣頭指揮を執った。

福岡県令就任へ

福岡藩贋札事件と筑前竹ヤリ騒動

明治三年七月二十日、福岡市簀子《すのこ》町の制札場に、突如として政府の警察機関である東京弾正台の制札が立てられた。

当藩会計掛り内へ嫌疑あり、御取調として本台出張候条右へ関係の無き者共はみだりに動揺致すまじく候事
（原文ママ）

藩庁の驚きは大変なもので、市中はたちまち騒然となった。福岡藩難といわれる楮幣贋造《ちょへいがんぞう》事件、つまり福岡藩贋札事件の抜き打ち手入れである。このころ各藩は、幕末における内外多難の時代を経て、ひいては財政の窮乏に陥り、その救済策の一つとして、内々盛んに偽札の製造をおこなった事実がある。しかもその偽札は、外国貿易のうえで重大な影響を与え、外国公使らは、その取扱いについて新政府に強硬な抗議を申し込んでいた。このため政府は、しばしば法令を出してこれを厳禁していたほどである。

福岡藩もご多聞に漏れず、藩債は膨らむ一方で、藩の借金は明治二年には約一三〇万両に達していた。その打開のため、藩大参事以下が謀議のうえ贋札を印刷し、藩の還瀛丸《かんえいまる》に十九万両を積んで北海道、越後などで使用した。世間の風評と福岡藩の行動に不審を抱いた明治新政府の刑部省は、伊藤龍馬なる調査官を福岡へ潜入させた。こののち証拠を握るや、ただちに七月十九日、渡邉清の実弟で弾正台大忠の渡邉昇らが博多に乗り込み、先の制札である。

福岡藩の事件関係者を逮捕し取り調べた結果、八月二十七日、福岡藩の宝貨偽造が発覚した。十一

月十四日には大蔵省の官吏が来福して贋造紙幣を検査し、翌四年四月九日、福岡藩知事黒田長知《ながとも》を召して、貨幣贋造のことを審問した。その間に、旧家老矢野梅庵《ばいあん》の伝手で西郷隆盛に藩難救援を依頼し、西郷もまたただちに来福したが、既に事件関係者は東京護送後で、西郷といえどもなす術もなかった。

同年七月二日、福岡藩の貨幣贋造の罪が判明して、旧参事立花増美以下五人が斬首刑、徒刑三年以上の者は五十人以上に及んだ。知事黒田長知、権大参事中村無用（用六《ようろく》）が免官となり（中村はのち筑前竹ヤリ騒動で自害）、長知には閉門が命じられた。ただし、八月十二日には閉門を許されている。

なぜ、このような断罪が福岡藩だけに下されたのだろうか。

理由はいくつか考えられる。何といっても慶応元年（一八六五）、藩主長溥が福岡勤王党の士一五九名余を斬罪、切腹などの処断をおこなった「乙丑の獄」が大きい。しかもこの処分は、当時太宰府に転座していた三条実美らや渡邉清ら大村藩などの助命嘆願があったにもかかわらず断行されたのだから、なおさらである。加えて三条実美ら五人の急進派青年公卿の太宰府転座に対して福岡藩は冷淡であった。この冷遇された三条実美がいる新政府から、福岡藩がその恨みを買っていたであろうことは否定できない。

七月二日、後任の藩知事として意外にも超大物の皇族政治家有栖川宮熾仁親王が任ぜられ、十日博多到着、翌日県庁に出任した。皇女和宮の元婚約者、東征大総督、三職の総裁として、明治新政府の中枢にあった人物である。これは、幕末維新の混乱と楮幣贋造事件で動揺した福岡県民の人心安定に、いかに新政府が意を注いでいたかを示すものである。

そのわずか十二日後の七月十四日、廃藩置県が断行されて福岡県が誕生し、十五日付で有栖川宮が横滑りで初代県令に任ぜられた。初代県令は在任わずか九カ月で帰京したが、一カ月近く県内を巡視するなど治政の効果は大きかった。

明治年間におけるわが国最大の暴動の一つである筑前竹ヤリ騒動（筑前竹槍一揆ともいう）は、明治六年六月十三日に始まった。

この年は全国的な干ばつで、筑前地方も三月下旬から雨が降らず、六月に入っても田植えができないため、農民の苦悩はその極みに達していた。嘉麻《かま》郡高倉村（現福岡県飯塚市高倉）で雨乞いをしていた農民と、米相場関係者との間で二日後の十五日に紛争となり、これがさらに竹ヤリ騒動へと発展してしまった。『詳説福岡県議会史 明治編上巻』によると、嘉麻・穂波《ほなみ》二郡の農民が、米価の騰貴に不平を抱いて暴動を起こしたことがきっかけとされている。この米価の高騰と渇水が重なり、日頃の不満が爆発したことが実情だろう。

この騒動は、鞍手《くらて》、遠賀《おんが》、宗像《むなかた》、糟屋《かすや》、怡土《いと》、志摩《しま》、早良《さわら》の諸郡にも波及し、農民は暴徒化して酒屋や富豪の家を破壊、焼失させ、官員多数を殺傷した。さらに農民は暴徒化し、福岡市内にまで進んで、大名町に建設中の電信局や電信柱を打ち壊し、ついに福岡城内県庁に押し寄せて、官舎に放火した。

県側の大砲や士族の抜刀隊、さらに熊本鎮台からの三個中隊の兵によって、騒動はようやく鎮圧された。ときに六月二十五日（諸説あり）であった。被害は打ち壊し二三四三戸、焼き払い二二四七戸で、死者は県役人十二人、農民二十八人に及ぶ。この騒動は、当時の県民四十万人ほどの四分の一が参加した、あまりに大きな事件であった。

その要求は、旧藩知事の帰国、学制・徴兵制の停止、藩札の復活、旧暦の復活などが挙げられており、その底流には急激な近代化を推し進める明治政府への強い不満があった。被差別部落が焼き討ちを受けたことから、この騒動には「解放令」反対の動きもあったといわれる。

酒屋が襲われたと書いた。当時酒屋は大金持ちで、暴徒から真っ先に狙われている。糟屋郡では宇《う》美《み》町の小林本店（「萬代」の蔵元）もやられ、博多では造り酒屋鳥羽屋などである。鳥羽屋では、壊された桶から流れ出た酒が井戸に流れ込んで、何年も井戸水が酒臭かったという。

世情不安定な中での就任

福岡県においては、初代県令熾仁親王罷免ののち、権令澤簡徳《かんとく》（第二代とする）、県令心得林友幸《ともゆき》、第三代県令立木兼善《かねよし》を経て、佐賀の乱からわずか七カ月後の明治七年（一八七四）九月、渡邉清が第四代県令に任命された。清、ときに四十歳である。彼がいかに有為な政治家であったかが、この若さをもってしてもうかがえる。それは在職の長さからも、である。澤がたった四カ月余で転任、立木が一年二カ月であったのに対して、清の任期は明治七年九月八日から十四年七月二十九日に至る、実に七年近くの長きにわたった。

渡邉清が県令として福岡の地に派遣された背景にはつぎの事情があったと推察される。

一つ目に、先に述べた福岡藩贋札事件や筑前竹ヤリ騒動でまだ燻っている県民の動揺を抑えるため、熾仁親王の後継として大物の清が必要だったことだ。これと関係するが、二つ目として、清が維新後の奥羽地方復興や、茨城県令心得に就任し党派争いを鎮撫するなど実績があったこと。人心収攬の大切さを熟知していたのである。三つ目には、福岡藩内訌の調停により筑前勤王党ら福岡士族の内情に精通していたこと。四つ目として、佐賀の乱の際、大久保に同行し博多の地に設けられた乱鎮圧の本営にいて、福岡と関りがあったことが挙げられる。二つ目と三つ目が渡邉清が福岡県令に就任する伏線、一つ目と四つ目がそのトリガーであったといえよう。

明治八年四月、東京浅草本願寺において、政府招集の府県知事・県令の会議である第一回地方官会議が明治天皇の親臨を仰いで開催された。このとき、議長は参議木戸孝允、幹事は渡邉清であった。この会議では、地方会議の開設準備、地方警察制度の実施、小学校の新設促進・拡充、道路・橋梁などの開発準備、貧民の救済など、新政府の目睫《もくしょう》に迫る緊急事項が議論された。地方会議の開設準備については、官撰の区戸長をもって地方民会を構成すると決定した。

福岡県では翌九年三月に、渡邉清県令のもと区戸長会議を開いて県会仮規則を定め、その議員は四十八人とすることが記されている。これが福岡県会の起源となったもので、十年には議員数を一大区三人あて選挙し、五十七人と改めた。

なお当時は、県令が議長となった。後年、十二年の第一回県議会において、議長が議員の互選により選ばれるようになり、現在に至っている。

揺れる九州と萩

神風連、熊本に乱を起こす

明治七年二月～三月の「佐賀の乱」平定後、九州の治安は一時平安を保っていた。しかし、明治政府が進めた欧化政策と武士の特権を奪う諸改革は、いよいよ厳しさを増していった。明治九年三月二十八日に出された廃刀令は、武士の魂ともいうべき腰の一刀まで取り上げてしまう。さらに八月には秩禄処分により金禄公債を発行して、従来の士族の禄を一切廃止してしまった。

ここ一連の政策に対して、武士の不平は爆発寸前にまで高まっていた。熊本に太田黒伴雄を中心とする神風連（敬神党《けいしんとう》ともいう）、長州萩に前原一誠《いっせい》を首領とする前原派、そして筑前に秋月党《あきづき》がある。同年七月二十日、神風連と秋月党の使者が萩の前原一誠を訪ね、互いに決起の密約を交して挙兵の機会をうかがっていた。

彼らは、新政府の政策に不満を抱く同じ士族の集団といっても、三者三様であった。神風連は宗教的な世界に生きる集団であり、秋月党は中央との人脈に乏しいまとまりを欠いた集団、前原派は元参議の前原一誠が捲土重来を期す一派である。

幕末維新の熊本藩には尊王攘夷派の熊本勤王党がいたが、その中でも神事を重んじる人たちで構成されたのが神風連である。この人たちは夷狄《いてき》の道具は汚らわしいとして、電信線の下を扇をかざして通るとか、靴で歩いた跡でもみつけようものなら、塩をまかずにはいられないとかいう人たちであった。

ついに同年十月二十四日夜、太田黒伴雄、加屋霽堅《かやはるかた》を首領とする神風連の士族たち約一七〇人が起ち上がった。彼らは数隊に分かれ、熊本城二の丸の歩兵営、桜町の砲兵営、新屋敷町の鎮台司令長官種田政明《まさあき》少将邸ほか数カ所を襲撃した。要人襲撃により、種田鎮台司令長官、高島茂徳参謀長が殺され、また安岡良亮《りようすけ》県令は重傷を受け三日後に死亡した。

兵営は火を発し炎が夜空をこがす中で、官賊入り乱れての大激闘を展開したが、神風連の大方は白鉢巻き、白たすきに両刀差しの出で立ちで、甲冑や烏帽子《えぼし》・直垂《ひたたれ》姿もあった。西洋式の銃や大砲は使わず、武器は刀と槍、放火用の焼き玉だけであった。奇襲を受けた鎮台兵は、初めは狼狽して苦戦したが、やがて陣容を整え反撃に転じた。鎮台兵が火砲の一斉射撃を始めると、神風連は総崩れとなり、加屋霽堅、斎藤求三郎《きゆうざぶろう》らは戦死、太田黒伴雄も法華坂に退いて死んだ。神風連の大半は戦死または自刃し、夜明けを待たずに乱は平定された。

神風連の乱の変事が渡邉県令に届いたのは二十五日午前八時であった。渡邉県令は、この報を内務省（大久保内務卿）へ打電するとともに、隣接各県に急報した。二十六日午前五時の県警久留米出張所の小島二等警部の電報によって神風連の敗走を知った県令は、つぎの布達を出して、乱逃亡者への警戒を呼びかけている。

一昨二十四日の夜、熊本県士族百余名が暴挙し、熊本鎮台営所その他に放火乱入のうえ逃亡した。関係の者が各所に潜匿する恐れがあるため、取締方を厳重にせよ。怪しい者がいれば、最寄りの警察出張所及び巡査屯所、分屯所へ速かに申し出よ。

明治九年十月二十六日

福岡県令　渡邉清

この夜襲には、秋月党から宮崎伊六、宮崎哲之助、蒲池作之進の三人が参加していた。緒戦の勝利を秋月党に伝え、即刻の決起を促すため、蒲池は神風連の勝どきをあとに秋月へ飛んだ。しかし、乱は一夜で鎮圧されてしまったため、ただ勝利の報だけが秋月にもたらされたのである。

神風連の乱により、政府側は県幹部を含めて百人以上が死んだが、神風連側の死者は戦死、自刃、処刑、獄死など一二四人で、蜂起した約一七〇人の約七割が死んだ。二十歳以下の少年も十七人いた。うち自決者は八十七人で、ほかの士族の反乱では見られない高率である。近代史家の渡辺京二はいう。「ほかの乱が、時代に不満を抱く者による一か八かの〝軍事的投機〟だったのに対し、神風連の乱は時代を否認する者の一種の集団自決だった」と。

秋月の騒擾

十月二十五日午前八時、参庁した権参事から熊本の変の報を受けた渡邉清県令は、直ちに警部らを集めて、変の他府県への波及を訴え管内の警戒を喚起した。

「この挙はおそらく他府県に連及するであろう。熊本士族の習俗として、一派が事を起こしても他派はこれを敵視するため、熊本県内士族が挙げて事をなすことはない。必ず地方が起つはずだ。他府県はまだこの挙を報じていない。かといって暴徒が何も手を打たないこともなく、よく速かに管内の警戒を厳にするように」

右記は『秋月騒擾記事』の文頭である。これは明治九年福岡県権中属水島均が渡邉県令の命によって、秋月の乱の顚末を記したもので、十月二十五日熊本の変報より、十二月三日罪状判決に至る四十日間の事が月日順に詳述されている。

これを受けて一等警部岡村為蔵は、さらに探偵を密にし、警部・巡査を四方に発した。かつ内務省及び小倉・久留米支庁、山口県、長崎県に報告がなされた。

渡邉県令が案じた通り、神風連の乱緒戦勝利の報がもたらされるや、十月二十五日夜半過ぎ、秋月士族に招集がかかった。翌二十六日、秋月学校に磯淳《いそあつし》、宮崎車之助《しゃのすけ》ら七、八十人、田中天満宮に益田静方《しずかた》、今村百八郎《ひゃくはちろう》ら一六〇人が集議し、応変の計画を立てた。前者は「学校組」と称する穏健漸進的な旧上級武士団であり、後者は急進的な旧下級武士団で「天神組」と呼ばれた。

二十七日朝、天神組は挙兵を決行し、探索・説得に来た警察の穂波半太郎を捕えて今村が惨殺した

（穂波は福岡県警察の殉職第一号となる）。この決行に、第七区副区長江藤良一の説得を入れて解散していた学校組も、改めて招集、天神組に合流した。

神風連に呼応した秋月党の二四八人は、気勢を上げ意気揚々と出立していった。熊本の神風連が鎮圧された報は、秋月党が出立したあとに届いた。萩の前原派がどのような情勢にあるのかわからないままの出陣であった。

しかも、その装備はまったくの時代遅れであった。刀槍に火縄銃、抱え大筒で洋式銃は一挺としてなく、小具足《こぐそく》姿も見られた。それもそのはず、秋月藩は戊辰戦争に三百の兵が出征したといっても戦場に出ることはなく、明治に入っても士族たちは戦争とは何かを知らない、世情に疎い集団だったのである。しかし秋月党は進軍を止めず、豊津《とよつ》への道を急いだ。

秋月党の目論見では、豊津士族と合体して関門を渡り、萩の前原派と手を握るはずであった。なぜなら、豊津士族はかつて小倉にあったとき長州藩に敗れて退いたが、そのとき秋月藩から恩義を受けていた。このような因縁から秋月の挙兵に協力してくれるとの思惑が秋月党にあったからだ。

しかし、天下の情勢は既に大きく変化していた。豊津では穏健派が大勢を占めていた。軍使を油須《ゆす》原《ばる》の秋月党に送り、士族内の意思統一ができていないことを理由に、豊津への進軍を拒んだ。一方で小倉へ急使を送り、鎮台兵の出動を要請した。豊津士族は豊津小学校と育徳館に集まり、防御の方策を練った。秋月士族と戦わず、また同調もしない、引き延ばし作戦をとって鎮台兵の到着を待つ策をとった。

かくて、豊津士族の同調がないまま秋月党は、鎮台兵の攻撃を受ける。午後四時、豊津入口の八景山に到着した鎮台兵は、津下大隊長の指揮下に二隊に分かれ、巡査・豊津藩士の先導で、四時三十分秋月党が陣取る小学校及び育徳館を攻撃した。戦いは薄暮まで続いたが、秋月党は大敗、死者十六人、捕虜六人を残して英彦山《ひこさん》へ逃走、さらに三十日正午ごろには小石原村《こいしわら》（現福岡県朝倉郡東峰村《とうほう》）に入り、午後四時ごろ江川村栗河内（同朝倉市江川《えがわ》）に到着した。しかし、そこは既に清が派遣した警察隊と鎮台兵によって固められていた。

このとき秋月党は六、七十人が残るのみで再挙計りがたく、軍議は解隊に決した。二十七日に兵を挙げて僅《わず》か三日、事志と違い賊と呼ばれ追われる身となった秋月党。幹部のうち主だった磯、宮崎ら七名はここで自決して果てた。

一方、今村を長とする残党約三十人は徹底抗戦を叫び、秋月にたどり着く。十一月一日夕刻、秋月学校を襲って役人四人を殺害、さらに深夜午前二時、夫婦石の仮警察出張所を襲って双方に死傷者を出し、火を放ったため近隣の七戸が焼失した。

夫婦石仮警察出張所襲撃は、秋月党の最後のあがきにすぎなかった、その後は四散し夜須《やす》の三箇山中を彷徨い逃亡の一途をたどるに至った。秋月党に対する警察隊の詮索は厳しさを増し、各所に残党を捕捉していった。この秋月党残党の逮捕には、渡邉福岡県令の布達で旧宗藩士族が協力しており、秋月の乱の最後は秋月士族同士で斬り合う悲劇となった。

明治維新を迎え、士族といえども乱まで起こす者はごく少数で、大半は否応でも時代を受け入れていった。奥羽各藩士族がそうであったし、水戸藩士族も同様であった。したがって、秋月藩士族同士でも時代の受け入れにおいて互いに容認できないところがあったことは否めず、非情に映るが奥羽復興と茨城県党派争いの鎮撫をおこなった清としては当然のことであった。

警察の追及を逃れ、ただ一人となった今村は、商人姿に身をやつしていたが、十一月二十四日山隈村（同朝倉郡筑前町）にて警察隊に囲まれ逮捕された。これより先、二十日に国事犯を裁くための福岡臨時裁判所が開設され、二週間後の十二月三日には斬刑二人を含む三八四人に判決がいい渡された。判決のあったその日に今村、益田は処刑された。ときに今村三十五歳、益田二十七歳。秋月党の戦いは乱というより騒動であったといえよう。

前原一誠、萩に起つ

神風連の乱、秋月の乱と時を同じくして、山口県萩においても士族の反乱が起きた。隣県のこと賊徒は福岡県に寄せるかも知れず、福岡県令渡邉清が山口県令関口隆吉《たかよし》との間で電報を交すなりして密に情報を得、動向を知り備えていたことは論を待たない。

十月二十七日、元参議の山口県士族前原一誠が横山俊彦《としひこ》、奥平謙輔《けんすけ》らと謀り、同志百余人を集めて萩の明倫館《めいりんかん》に会した。山口にあった関口県令は、彼らの解散を諭したものの聞き入れられなかったため、二十八日午後五時、広島鎮台営所に報じて臨時出兵を託するとともに、二中隊を率いて萩へ向かった。

関口県令が二中隊を率い来ると聞いて、前原は急に同志とともに小舟に乗って須佐《すさ》（山口県萩市）に向け脱走した。ときに、前原は必勝の算がないことを慮《おもんぱか》って、道を山陰にとり檄文を四方に伝播しつつ同志を募り、萩城を不意に返撃しようと画策した。

十一月一日、三浦梧楼《ごろう》陸軍少将が山口に至り、田付少佐を広島に遣わしたところから戦況は変わる。広島鎮台の三中隊が雲州地方（島根県東部）と広島海岸を扼《やく》し、前原らの走路を絶った。大阪に電報を送って台兵を徴するとともに、軍艦を来たし萩近海を警備して、一挙に殲滅する作戦をとった。これをもとに大阪鎮台第八連隊第一大隊と砲兵一小隊が神戸を発し、山口に向かった。

四日、官軍の進撃により前原らは撃破される。この日と翌日に三浦少将、関口県令が説諭の書を前原に送ったが、前原は省せず、幹部の奥平謙輔らとともに海浜に逃れ、因州（鳥取県東部）に向け一舟で走った。にわかの暴風怒涛の中、石州（島根県西部）津和野《つわの》を経て出雲宇龍《うりゆう》港に着き繋船していたところ、警察が兵器携行の前原らを発見、諭して県庁に拘引し、彼らを捕縛した。ときに十一月八日のことである。

これより先六日早朝、海軍は戦艦四隻をもって萩沖から大砲を放った。黒煙が空にみなぎり響いて雷のようで、賊は度を失いことごとく敗走した。

ここにおいて、少将らは諸隊を率いて県令とともに萩に入り、人民を鎮撫し暴乱平定を布告した。十五日には犯罪処分のため、司法卿大木喬任が東京丸に乗じて出発し、福岡臨時裁判所が開設されて、十二月三日、前原一誠、奥平謙輔、横山俊彦らが斬に処せられた。除族十四人、懲役四十七人である。

この「萩の乱」における政府の対応は、近い将来起こるかもしれない薩南の蜂起に備えての実地演習を兼ねていた感が否めない。陸海両面からの乱鎮圧だが、とくに戦艦からの艦砲射撃はのちの西南戦争での薩軍砲撃を彷彿とさせる。

乱鎮圧の報は直ちに、大久保内務卿や他府県知事らに電報あるいは飛信（速達）によりもたらされた。もちろん隣県の福岡県令渡邉清のもとへでもある。熊本神風連の乱、地元秋月の乱に続く萩の乱の鎮圧に安堵の胸をおろしたが、それも束の間のこと、渡邉県令としては安穏としてはいられなかった。

福岡の変

筑前勤王党の残照

当時、明治政府と渡邉県令は福岡をどう見ていたであろう。

楮幣贋造事件（明治三年）、筑前竹ヤリ騒動（同六年）、佐賀の乱（同七年）、神風連の乱に始まる一連の士族反乱（同九年）。九州表は落ち着かず、薩南には下野した西郷がいる。新時代を築き近代化を急ごうとする新政府には、九州は刮眼《かつがん》の地であり、とくに福岡は薩南を抑えるための要害であった。

その福岡を政府から託された県令渡邉清にとっては、就任時よりこの方、片時も福岡から目を離す

武部小四郎（福岡市博物館蔵、武部自一氏提供）

暇はなかった。自身も幕末、福岡藩内訌の調停に奔走したが、このときの筑前勤王党の残党がいる。新時代の到来と新制度に不満をもつ士族の存在もあった。事実、秋月の乱が起こり自ら先頭に立って鎮圧した。佐賀の乱に参戦した士族もいるうえ、このときの武器弾薬を隠匿している士族もいるに違いない。渡邉県令には、福岡は厳重警戒怠らざるを得ず、「秋月の乱」以降いつ再暴発してもおかしくない地に映っていた。

慶応元年「乙丑の獄」で多くの勤王の志士を失った福岡藩は、このために幕末維新に埋もれてしまい、明治に入っても燻り続ける福岡藩士族は多く、野にあって天下の事を論じあっていた。この中に朱子学者で貝原益軒以来の博学多識の人といわれた海妻甘蔵《かいづまかんぞう》の甥越智彦四郎《おちひこしろう》や、乙丑の獄で切腹して果てた建部《たてべ》武彦《たけひこ》の第三子武部小四郎《たけべこしろう》もいた。

明治七年一月、征韓論に敗れ下野した板垣退助などの参議らを中心に、わが国最初の政党である愛国公党が結成された。天賦人権論に基づき民権論を主張、民撰議院設立の建白をおこなったが、江藤が佐賀の乱を起こしたため、政府の愛国公党に対する監視が厳重になって活動できずに自然消滅した。

佐賀の乱ののち、板垣退助は愛国公党に加盟した全国の同志に檄を飛ばして民権運動に参加する士を再度結集した。明治八年二月大阪での愛国社の創立大会の開催である。この大会に福岡士族を代表して、越智彦四郎、武部小四郎が参加した。越智、武部は帰ってきて同志と謀り、西郷の私学校、板垣が地元高知に創ったローカル政党立志社に倣って、同年八月、矯志社（社長武部小四郎、社員二十三名）、強忍社（同越智彦四郎、社員五名）、堅志社（同箱田六輔《ろくすけ》、社員十八名）の福岡三社を結成し民権伸長を論じて気を吐いた。いずれも政治結社である。

越智、武部、箱田らはあるいは薩南の志士と往復し、あるいは前原一誠らと交通して、機の至るのを待った。板垣が考えている愛国社が言論で政府を攻撃し民撰議院の設立を目的としていたのと異なり、福岡三社は明らかに武力抗争を期していた。

萩の応援、露見す

明治九年秋に起きた神風連の乱、秋月の乱、萩の乱と一連の士族騒乱で、福岡三社の社員の間に動揺が生じ、秋月に呼応して起とうといきり立つ者が多かった。これに対して、武部、越智らは「薩摩と盟約あり、西郷が兵を挙げなければ天下は動かせない。風雲薩南に動くを見よ」と、時を待つことを説いて社員に隠忍自重を促した。

これより先に箱田、頭山満《とうやまみつる》、進藤喜平太《きへいた》は長州の風雲穏やかならざるを見て、萩に前原一誠を訪い、ともに事を挙げようと約した。のち前原はいよいよ挙兵するにあたり、幹部の奥平謙輔を矯志社に差し向け、箱田、頭山、進藤らに盟約の実行を迫り、頭山らとその具体的方策を打ち合わせた。

しかし、この座に奥平の連れとして実は政府の密偵が入っており、この者はすぐに官辺に対して注意を促した。これを受けて渡邉県令は部下の福岡警察署長寺内正員に命じて（当時警察署長の制度はなかったが、寺内二等警部は署の筆頭警部で実質的な署長であった）、矯志社員の行動を厳重監視させた。他方、矯志社員はその密偵の存在に気付かず、また福岡署員に監視されていることも知らないま、盛んに同志を集め謀議を重ねた。しかるに萩の乱は失敗に帰した。

渡邉県令のもと寺内警部らは、まず十一月七日夜に箱田を逮捕、翌八日、頭山らが山狩りと称して山中に集まり箱田逮捕の善後策を講じている最中に、自宅の家宅捜索をおこなった。その中に大久保内務卿の暗殺、萩の乱などに関する重要書類があったため、九日と十一日にかけて頭山をはじめ急進派に属する者たちを一挙に逮捕してしまった。

かくして一党がみな捕えられ牢獄に投じられるや、越智、武部、久光忍太郎らは、獄中の同志を救わんとして金ヶ獄（現福岡市西区金武《かなたけ》か）に集合する。渡邉県令はこれを聞いて、福岡警察署巡査七十余名を派して彼らに対峙させたが、巡査隊は矯志社員に追われて遁走した。このため渡邉県令は小倉連隊福岡分営（『玄洋社社史』に福岡憲兵隊とあるが誤記であろう）の手を借りて、矯志社員を解散させた。

そうすると武部、越智らは追われる身である。彼らは薩南に逃れ西郷を訪い、さらに桐野、篠原を訪う。薩南志士中の急進派ともいうべき桐野、篠原は福岡の同志の災厄を聞き、県令横暴の状を耳にするにつれ、憤慨することしきりであった。越智、武部らを厚遇し、もし薩南にて兵を挙げるならば福岡これに呼応するやを問い、越智、武部らはこれに応じ挙兵呼応のことを約した。

渡邉県令は、越智、武部ら矯志社員に下獄の志士を救わんとする言動があることを知ると、下獄の志士を速やかに斬罪に処せんとその準備をしていた。この間の某日、内務少輔林友幸（以前、福岡県令心得であった）が巡検のため福岡に来て、県令の志士斬首の意があるのを聞き、涙ぐんでその不可なる所以《ゆえん》を論じ他所に移さんことを説いた。渡邉もまた大いに悟るところがあり、箱田・頭山ら下獄の志士たちが当地にいなければ、矯志社員の暴挙すべきもないことを察して、彼らを山口の獄に移した。

「福岡の変」の軍議～穴観音会議

明治九年十一月の検挙で、幹部を失った福岡三社は解散し、十年一月、三社を合同した形の「十一学舎」を荒戸《あらと》の谷町西公園下にある源光院に設立した。当時の社員は大庭弘《ひろし》、大畠太七郎、山中立木《たてき》（のちの福岡市長）らで、のち越智、武部が薩摩から帰ってきて社員に加わった。

同年二月一日、鹿児島に遊学していた福岡士族内海重雄が、桐野に託された西郷決起の決意を越智に伝えた。当時福岡県では流説乱れ飛び、民心不安を生じていたので、渡邉県令は五人以上の集会を禁止していた。このため、市内の警戒は厳しく鎮台兵が充満していて、西郷に呼応して決起しようにもその機会を失っていた。

しかし、二月十五日西南戦争が勃発するも、西郷軍が田原坂《たばるざか》、山鹿《やまが》で鎮台兵に阻止され、西南戦争の天王山を迎えるに従って、福岡士族の間に挙兵の気が満ちてきた。薩軍呼応へ緩急ある中、ついに三月十九日平尾村の山中にある穴観音（現福岡市南区寺塚）に集まり、挙兵の軍議を開いて計画が練られた。

まず投票によって、大隊長として越智彦四郎と武部小四郎を選び、大隊長に選ばれた二人は、久光忍太郎《じんたろう》、舌間慎吾に大隊副官を命じ、久世芳麿、大畠太七郎、加藤堅武、村上彦十へ小隊長を命じた。募兵については久光忍太郎、村上彦十、船越平九郎、久世芳麿、吉安謙吾、大畠太七郎、舌間慎吾が担当し、総人数およそ八百人ばかりとした。

銃器は各自がエンピール銃一挺ずつを兼ねてより持ち寄るはずで、弾薬は佐賀の乱時に福岡貴属隊（官軍に参加した旧福岡藩中心の士族隊）が受け取り、同志中に少々隠しおいていたものを取り出すことにし、決行日を三月二十七日夜と決した。

軍略を三等に定めた。上策は、鎮台分営福岡城を攻撃して兵器弾薬を奪い、県庁を襲撃して官金を掠め、勢いに乗じて博多湊に碇泊の軍艦を奪い、直ちに大阪に至り、西京に入り君側の奸を除き人才を挙げ政体改革の儀を直奏すること。

中策は、兵器及び官金略奪するも軍艦を取ることができなければ、福岡城に籠り官軍の糧道を絶ち薩兵の応援をなすこと。この福岡籠城もできない場合には、兵をまとめて大休山《おおやすみやま》（福岡城の南に位置し現在動植物園のある小山）に登り、南関に向かって官軍背後を衝くことを下策とする。

この三策を定め、越智彦四郎は西中島橋（福岡市を福岡部と博多部に分ける那珂《なか》川の大橋）以西に士族およそ四百人を集め、彼らを率いて福岡城を襲撃し、武部小四郎は同橋以東に士族およそ四百人を集め、彼らを率いて県庁及び警察署を襲撃のことに議決した。

このころ福岡市内の鎮台兵、巡査隊もほとんど西南戦争の第一線や久留米に出動し、福岡にいる台兵、警察官は合わせて二百数十名程度で、福岡城と県庁はひとたまりもなく落ちると踏んだ。福岡城、県庁が落ちれば、背後を衝かれた征討軍の敗走は必至である。

しかし事はこの思惑どおりに運ぶだろうか。

福岡士族への警戒を強めていた渡邉県令は、「市内は台兵・巡査隊が少なくなった。福岡党がこの隙を衝いてくるはず。警戒と備えを怠るな」と警部らに檄を飛ばした。警戒はさらに強まり、県庁の守りは固められていた。

上策の軍艦奪取の戦略には驚く。この戦略はおそらく、福岡党の中に船の操縦ができる可能性がある武部小四郎の弟武部彦麿と、その妻の兄高木和一郎がいて、その存在から思いついたのであろう。しかし、たとえ奪取できたとしても、蒸気機関による軍艦を二人だけで動かせるわけはなく、そのうえ明治政府は当時龍驤《りゅうじょう》艦など十三隻もの軍艦を保有しており、それらの前では軍艦一隻ではひとたまりもない。

『福岡県警察史　明治大正編』によれば、軍略にもつぎの二つの誤算があった。

第一には、計画から決行までの八日間に西南戦争が天王山を越え、天下の大勢が明らかになってしまったことである。三月十九日征討軍は八代に上陸し、二十日には田原坂も征討軍に占領され薩摩軍の敗色は覆うべくもなかった。このため反乱への参加をためらう者が増えた。越智らの計画は機を失してしまっていたのだ。

二つ目に、彼らの計画は事前に警察の知るところとなっていた。計画の報告を受けた渡邉県令は、警察に命じて市内の非常巡察をおこない、集まろうとする士族約五十人を逮捕し、弾薬二十箱、刀六本を押収した。計画はなぜ事前に漏れたのか。おそらく当時警察が盛んにおこなった密偵の存在があったからだろう。

著者は第三の誤算として、決行時の天候を挙げておきたい。すなわち寒さと雪である。三月二十九日は山中の大吹雪で福岡党は凍死者数名を出し、負傷者の中で自殺する者もでている。さらに翌三十日も雪の降り積もる山中で凍死者を出す始末であった。越智らは寒さ厳しく降雪のある山中を戦闘しながらの敗走で疲労し、宿陣しても積雪で休息する場所もなかった。

これに対して、台兵や警察が十分に悪天候に備えていたことは想像に難くない。そこは奥羽戦争と維新後の奥羽復興で雪と寒さを体験していた渡邉県令である。この経験が雪中、寒中の闘い対策に生かされたと考えたい。

寒さと雪に備えている側とそうでない側との差が勝敗を決することは、古今洋の東西を問わず、四十七士の吉良邸討入り、桜田門外の変、ナポレオン軍とドイツ軍のロシア冬将軍との苦闘など、よく知られるところである。

装備といい軍略といい、福岡党は時代を読めなかったといわざるを得ない。戦術においても然りである。台兵、警察の二百余に対して、その二倍ないし四倍の兵力があるといっても、数の多い方が勝利するという時代ではなかった。巡査隊に加えて、百姓町人出身とはいえ装備に優れ銃撃の訓練を積んでいた政府軍の前に、福岡党の士族たちは敵ではなかったのである。

福岡市街戦と福岡党の敗走

三月二十七日夜、渡邉県令の命を受けた警察の先制取り締りのため福岡市中は警戒が厳重で、乱に参加しようにも家に釘付けとなって出るに出られない状態であった。予定の場所に集合した者は計画の半数、約四百人にすぎなかった。

二十八日午前二時、宮の森（現福岡市早良区原）に集合した越智隊は、まず村上小隊五十人に町役場、警察分署、監獄分署（湊町懲役場）を襲撃させた。警察分署の警察官は県庁防備のため全部引き上げていて不在、被害はなかった。湊町懲役場を襲ったとき、村上らは内通した看守が開いた門から獄内に侵入し、秋月の乱の受刑者を解放して越智隊の福岡城籠城の合図を待ったが、合図の火の手は一向に上がらなかった。

その越智大隊は、前門（大手門）は久光が率いる五、六十人、後門（追廻門《おいまわしもん》）は越智と大畠、加藤の率いる七十余人の二手に分かれ、前後門同時に鎮台分営福岡城に夜襲をかけた。しかし、来襲を予察していた鎮台兵は待ち構えていたように、引き寄せておいて銃火の雨を降らせた。反乱軍は近代装備と戦術の前に歯が立たなかった。越智はこう供述する。

「鎮台は既に防禦厳重でかつわが手は銃器不足。半ば剣撃隊と唱へ刀槍のみ所持する者もいて、ついに二ノ丸へ侵入するを得ず」

越智らは二ノ丸桐木坂まで肉薄したが、ついに門内に入れず大休山へ敗走した。敗走する越智隊は追撃を遮断するため民家に火を放った。その火勢は「筑紫新聞」第四号に「去ル二十八日午前四時后、旧城西南馬場頭谷並県庁ノ東南春吉、中洲ノ四箇所ニ火ヲ縦ニス。時に暁風烈シク、火焔天ヲ燬《やい》テ赫々、福博両市ノ万衆驚愕スル」と報じられた。

住吉神社に待機していた武部隊は、福岡城に火の手が上がるのを今や遅しと待っていた。その火の手を合図に県庁を襲う手筈になっていたが、東の空が白むころ民家に上がる火を見て事成らずを知った。

県庁は前年の明治九年七月、渡邉県令の英断により福岡城内から天神町に下りていた。そこは住吉神社に近く、武部隊に襲われていればどう事態は展開しただろうか。県庁を防備するのは渡邉県令配下の警察隊。二月西南戦争が始まったとき、福岡分営の台兵はスナイドル銃を標準装備して熊本へ出張ったため、分営に残っていたエンピール銃五百挺と弾薬八万発は県庁へ引き渡された。渡邉県令はこれを各警察署に配分すると同時に、射撃訓練を開始する。このため、三月二十七日夜に武部隊が県庁を襲っていたとしても、装備不十分の武部隊は警察隊を前にして、県庁内への侵入さえできなかったに相違ない。

かくして隊長武部は身を隠し、残った隊員士族たちは大休山に向かって越智隊に合流した。越智が慨嘆して供述する。

「福岡の変」殉難者慰霊碑（前面に武部小四郎・越智彦四郎の辞世の句が、後面と側面に戦死者名が刻まれている。福岡市平尾霊園にて）

「この挙はいかなる次第だろうか。武部小四郎が県庁襲撃の機を失したるをもって、ついにわが手の軍機をも誤ってしまった」

午前五時、渡邉県令配下の警察隊は大休山の士族隊を三手に分散して追撃、鎮台兵もこれに加わった。士族隊は家に放火しながら警察隊の進撃を阻止する一方、警察隊は煙に巻かれながらも敵の前側面から攻撃しつつ、背面からは山林に火を放って火攻めにした。このため士族隊は支えきれず逃走した。

大休山で敗れた越智軍は野芥《のけ》村（現福岡市早良区野芥）に後退、ここで一戦を交えたが、さらに退いて二十九日内野に至った。内野で軍議を開いた結果、天下の険曲淵《まがりぶち》（同早良区曲淵）に拠って情勢を見、征討軍の後背を衝いて薩摩軍に呼応することとした。しかし、曲淵は雪に埋まり、宿陣したものの到底兵を休息させる場所ではなかった。

渡邉県令は越智軍が十日に曲淵を発ち、夜三瀬《みつせ》に着き、三十一日佐賀県田代に入ったことを受け、長崎県佐賀支庁に宛てて電文を打っている。


曲淵の賊潰えて御県三瀬村へ昨夜泊まりたる由。当県巡査も台兵もろとも賊を追って御県へ行くべし。御県巡査もろとも協力いたさせし宜しくお頼みす

さらに秋月に向かおうとして、四月一日先陣舌間隊（大畠太七郎も）が筑後乙隈村（現福岡県小郡市乙隈《おとぐま》）まで進んだところで台兵と警察隊の挟撃に遭い、舌間隊三十余人は全滅した。後陣の越智隊（久光忍太郎も）およそ七十余人は甘木街道を通って秋月に入り、当時空家になっていた秋月藩旧城に拠った。

久留米警察署では四月二日甘木警察署の応援に向かい、両警察署合わせて六十人の巡査隊は午後四時夫婦石で開戦、背面を衝かれた敵は中央寺山に拠って銃撃してきた。攻撃隊は死角を利用して中央

寺山に突入、占領した。敵は旧城に退却、巡査隊はこれを攻撃した。その猛攻を前に福岡士族はつぎつぎと倒れ、残る者僅かに十八人。ついに越智は解隊を宣言した。福岡の変は、越智らが兵を挙げて七日で鎮圧されてしまったのだ。

越智は城を抜け、薩摩軍に加わろうと、椎木村（同嘉麻市椎木《しいのき》）の浄円寺に潜伏中、四月六日午前八時ごろ、巡査隊に逮捕された。さらに武部もその後十余日山野に伏し、のち博多上土居《かみどい》町の家にいるところを五月二日夜ついに福岡署員の縛についた。

福岡の変の戦場跡を訪ねよう。乙隈村にある「彼岸土居古戦場」が『福岡の乱伝聞録』（著者の武部自一は武部小四郎の五代目直系子孫）に紹介されている。陣地図とともに、小郡市教育委員会による現地説明文の概要を左記に掲げる。

明治十年四月一日、明治新政府に不満の旧福岡藩士の一部百五十名は、轟警察署（鳥栖市）を襲ったが失敗し、秋月の党と合流するため秋月に向かう途中、旧御原郡乙隈村（乙隈）彼岸土居（この付近）で昼食の為休んでいた。その時、松崎通りの往還（現県道）を福岡から熊本に輸送する弾薬等を積んだ車（大八車―引用者注）、数十両が通過するのを見つけ、これを奪おうとした。政府軍はそのことを予期して、近くまで来ていた久留米の一個中隊と巡査隊六十名は、たまたま小倉から冷水峠を越え、木葉（熊本県）に向かっていた広島鎮台一個中隊に連絡した。広島鎮台兵

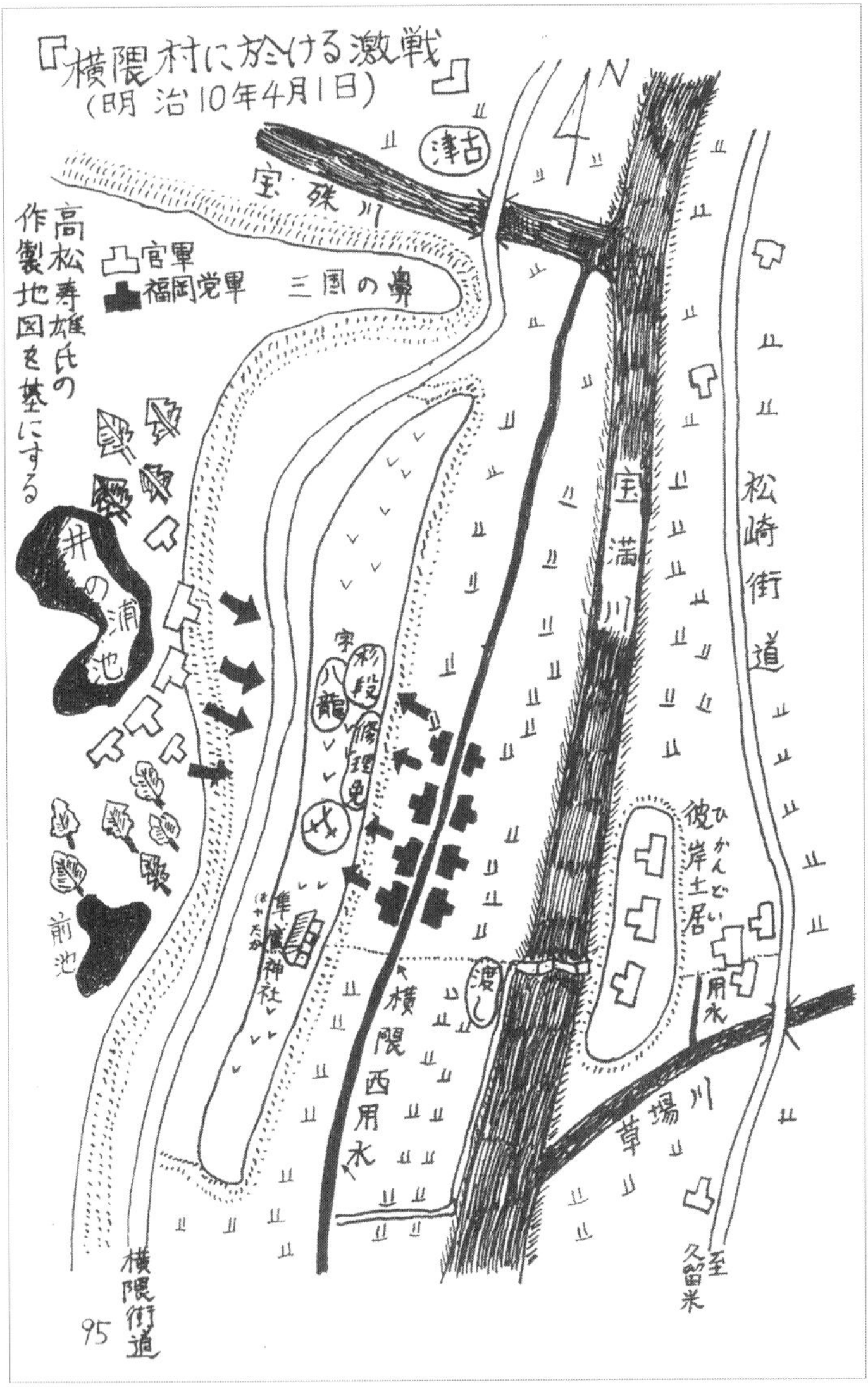

「福岡の変」彼岸土居古戦場の陣地図（武部自一画・提供、『福岡の乱伝聞録』より）

は井ノ浦溜池付近に陣をとった。
久留米から来た鎮台兵と巡査隊は三国用水（冬期には水がない）に陣をしき、残党めがけ発砲した。残党は蜘蛛の子を散らすように逃げ、主力は横隈村隼鷹神社の北方八竜付近に逃げて、井ノ浦溜池付近の広島鎮台兵との挟撃にあい、その場にたちまち三十余名が戦死したという。ここの戦でその外遁走中に討ち取られた者五名、捕縛十名余、自首七名、残りの者は秋月の方へ遁走したといわれている。

昭和五十五年二月　小郡市教育委員会
小郡市郷土史研究会

当時この戦闘について、渡邉県令はつぎのように県達を発表した（「筑紫新聞」第四号による）。県令の心境も垣間見えるようで、興味深い。

各区エ

昨三十一日肥前国三ツ瀬より逃走した賊徒二百名ばかりが、今日午前田代へ出たとの報知により、久留米駐屯の台兵一小隊と久留米巡査隊六十名と共に今早朝より進撃した。広島鎮台後備隊と共に筑後国乙隈村において賊を左右から攻撃したところ、賊は散々に敗走し銃器弾薬刀等を押収、賊の隊長村上彦十ほか八名を生擒《せいきん》（いけどり―引用者注）とし、久世芳麿、江上述直、小畑大七郎

（大畠太七郎の誤記か）、舌間慎吾以下十七名を討ち取ったと、ただいま戦地より届けてきた。このこと心得違いない事

明治十年四月一日　　福岡県

○

昨一日付をもって乙隈村において賊十七名を討ち取った旨知らせていたが、昨夜より諸隊の報知を合したところ討ち取り五十名余であった。このこと心得違いない事

明治十年四月二日　　福岡県

このように彼岸土居の戦闘によって福岡党の村上彦十率いる先陣は壊滅してしまう。一方、越智彦四郎らの後陣は、田代を発つときに先陣と別れ、別の道を秋月へと進む。これ以後の福岡党の敗走については前述の通りである。

首謀者らの裁判と「県令の首と倶に捧げよ」

明治十年四月二日福岡に司法省臨時裁判所を置き、福岡の変を含む西南戦争関係の裁判がおこなわれた。裁判官は五等判事小畑美稲《うましね》と一級判事補香川景信である。五月一日つぎの申渡しがあった。

福岡県下筑前国那珂郡西職人町

士族　越智彦四郎（二十六年）

其方儀、朝憲ヲ憚ラス、党与ヲ募リ、兵器ヲ弄シ官兵ニ抗シ逆意ヲ逞スル科ニ依リ除族之上斬罪申付ル

このとき斬罪となったのは越智のほかに、武部小四郎（三十一歳）、久光忍太郎（二十五歳）、村上彦十（三十五歳）、加藤堅武（二十六歳）がいる。戦歿者は実に八十余名を数える。

人参畑塾趾碑

この裁判において、渡邉県令は越智、武部らの師である人参畑塾長高場《たかば》乱《おさむ》が必ず変に関係していると疑い、女史を捕えて獄に下し厳しく取り調べている。乱はあくまで与り知らざることと答えたが、判事らは乱につぎのようにいい罵声を浴びせた。

「その方は、たとえ謀反の一条とも与り知らずといえども、多数の子弟を教養し、しかもその門中に反乱の徒を出す。日頃、門人を取り締まらず不行届きの段は極め

て道理に外れており、とうてい罪科を免ることはできない。刑は死にあたる」

女史は平然とこれに答えて曰く、

「拙者の門下より乱徒が出た故をもって罪死にあたるのであれば、喜んで刑を受けるべき。しかし、県令はその治下に反乱の徒を出している。この罪は果していかがか。日頃、県民を取り締らず不行届きの段、これを如何としよう。刑はまさに死にあたる。願わくは不省高場乱と同様に罪を仰せ付けられ、わが首と県令の首とを俱に捧げよ」

と辞令従容として法廷を圧した。ここにおいて裁判官は如何ともしがたく、ついに乱を釈放せざるを得なかった。

かくして、西南戦争の大勢を変えるべく義に従って起こした福岡士族の反乱も、渡邉清県令の陣頭指揮のもと、鎮台兵に加えて発足間もないとはいえ整備された警察組織の前に阻止されて、西南戦争の間に咲いた仇花となってしまった。

玄洋社と渡邉清

玄洋社は正式には福岡玄洋社といい、福岡市西職人町（現福岡市中央区舞鶴《まいづる》、現在のＮＴＴドコモビルの場所）にあって、終戦直後の昭和二十一年（一九四六）ＧＨＱによる結社禁止の命令で解散した。

玄洋社は政治結社で右翼の源流と位置付けられ、侵略主義者の集団とレッテルが貼られている。そのような面を否定できないが、玄洋社の社員が福岡藩領域の出身者しかも旧士族がほとんどであったこととその活動内容を見れば、著者には「草莽《そうもう》の士集団」に思えてならない。

この玄洋社と県令としての渡邉清との縁は、社の礎時代を含めて深い。それは人、士族反乱、石炭とで見ることができる。まず人である。何といっても加藤司書との繋がりが挙げられよう。先に述べたように、清は大村藩士として福岡藩内訌の調停をおこない、司書らの助命に奔走した。その加藤司書は玄洋社の祖とでもいうべき人物である。

士族反乱での繋がりは大きい。萩の乱に関係して、箱田六輔、頭山満、進藤喜平太、奈良原至といった、のちの玄洋社の主要メンバーが投獄され、渡邉県令により危うく斬首されるところであったことは既述の通りである。もしこのとき箱田らが処刑されていれば、玄洋社は生まれていなかったかも知れない。

玄洋社にとって石炭は資金源で、筑豊の石炭なくして玄洋社は活動しえなかった。両者の結びつきは玄洋社礎時代の明治十年前より始まり、松本潜《ひそむ》、中野徳次郎《とくじろう》、今見義男《いまみよしお》、久野一栄《かずしげ》、安川敬一郎《けいいちろう》、やがて強進社（社長は箱田六輔）が炭坑経営に乗り出す。この時代、開坑許認可の権限をもっていたのは渡邉県令統べる福岡県庁である。

渡邉清は明治十四年七月二十九日、福岡県令を辞し元老院議官として福岡を去った。その二カ月後、九月二十日の「福岡日日新聞」には、十八日に挙行された玄洋社主催の渡邉前県令送別会のことが報じられている。

玄洋社社員による送別の辞に「我党が今日自由を尚び権理を伸るを得るは徳望ある渡邉君の保護あるに依る」とあり、送別会が玄洋社主催でおこなわれたことと併せて、渡邉清と玄洋社との関係が如実に表れている。会の始まる前、清が「会員なるコークス社長箱田六輔氏と該業拡張方法に付暫時懇談あり居し」の記事も見受けられる。

渡邉県政後にあっては平岡浩太郎、安川敬一郎、頭山満が石炭成金となるなど、玄洋社は豊富な資金を基にして、国内改革から孫文の中国革命を支援するなどアジアの革命へと歩を進めていった。

加藤堅武の未亡人チセとの再婚

福岡の変では、乱首謀者の加藤堅武が斬刑に処せられ、妻チセは未亡人となった。しかし、そのチセは後年、乱鎮圧の指揮を執り夫を死に追いやった渡邉清と再婚している。その謎に迫るが、その前に清の元妻ゲンの死去に触れねばならない。

明治十四年一月二十日、渡邉県令の妻ゲンが死去した。ゲンは病死だったようだが、その病名は何だったのか。県立福岡医学校教授大森治豊《はるとよ》が記した日記の十三年一月二日に、ゲンに関係する記述が左記のように認められる。

（前略）会中、県令渡邉氏から使があった。その訴にいうには、昨日熊谷の診断する処の彼が妻を診てくれないかとある。熊谷氏に託したが、今一応の往診をもってその後に初めて処方せんことを約し、県令に報じた。（中略）熊谷氏は県令の許を訪ねてその妻某を診断して、その症状はリューマチスであり、沃丁《ヨーチン》の浴を辻岡氏によって処置することを聞いた。

これより明らかなようにゲンはリウマチに罹患していた。ヨーチンつまりヨードチンキは刺激剤として用いられる。ゲンはこの病が昂じて日記の一年後に死去したと判断される。その死亡の場所は福岡県筑前西那珂郡春吉村（現在の那珂川畔の春吉橋付近）の県令公舎であった。

このゲンの死から半年後に渡邉清は元老院議官として福岡を離れ、その後にチセ未亡人と再婚した。この再婚について著者は当初、二人と接点をもつ玄洋社の仲立ちによると思っていたが、両者の間の隔たりがありすぎる。乱鎮圧の指揮者と処刑された乱首謀者の妻である。

ゲンの父松田宣徳には男子なく、長女チカに今井家から要三郎を養子として婿に迎え、家を継いだ。松田治郎兵衛宣風がその人で、大村藩「三十七士」の一人であった（既述の松田要三郎）。この縁で渡邉清とゲンが結婚したことは想像に難くない。

ついでチセだが、十代母里《ぼり》太兵衛友諒の長女に生まれ、福岡藩士加藤堅武に嫁ぐ。しかし、堅武は明治十年福岡の変に敗れて斬刑に処せられ、チセの弟良度《よしのり》（慶の誤記か）も戦死した。母里家では跡を継ぐべき長男と娘婿を同時に失ったため、妹のトミが母里家を継ぎ、松田家からゲンの甥にあたる春治郎を婿に迎えた。ここには、ゲンと結婚しのちにチセを後妻とした渡邉清の仲立ちがあったに相違ない。

福岡の変では二十代、三十代の若い士族が多く戦死し、処刑されたため、チセと境遇を同じくする未亡人の女性は多かった。その一人に、福岡の変を大隊長として指揮し斬刑となった武部小四郎の妻とみ子がいる。とみ子は変後、賊軍だ賊の家内だと笑われつつも、子供は頼んだぞとの夫の遺言に背かぬよう七歳と三歳の男子二人を育てた。親類からしきりに再婚を勧められたが、これを拒絶し、小学校の教師もし、自宅で十年ほど五、六百人に裁縫を教えた。

チセの場合はどうだったろう。チセにも堅武との間に四歳のチサと、わずか二歳のエヌがいた。夫の遺書で子育てを託されるも、女手一つでどうやって生計を立てられようかと悩み、しかも夫そして義父加藤司書ともに科人の身、その苦悩はひとしおであったろう。

この母娘らを渡邉清は引き取ったと、麻生徹男はその著書『掃苔行 完』の中でつぎのようにいう。

福岡県令として渡邉清が福岡の地に在る時、福岡の乱は起り、不幸、盟友加藤司書の長男堅武は捕えられ処刑された。三権分立の明治新国家では、いくら県令と言っても司法の分野には容喙（ようかい。横から口をはさむ―引用者注）する術はなかった。唯、盟友司書の幼き孫娘二人、特に一人は未だ乳呑児、その母親の苦衷は如何ばかりと、その遺族の面倒を見るに至った清の決心、およそ凡夫の知る所ではない。まして、司書も科人として自刃せしめられ、その子堅武も斬罪の身、いかにして遺族の生きて行く道はあるか。義を見て何事も為さざる匹夫の類では、渡邉清は決してない。

麻生は三権分立の、というが、この時代まだそれは確立されていない。著者の論では、加藤堅武は乱を起こした張本人であり、いくら乙丑の獄で助命に奔走した加藤司書の子といっても、渡邉県令は乱鎮圧の長として、武部小四郎らと同じく堅武を処刑せざるを得なかった。断腸の想いであったろう。この想いがあったからこそ、堅武の未亡人チセと二女を引き取ったのではないだろうか。

母里四姉妹（右から３人目がチセ、『御家臣先祖由来記全』より転載）

渡邉清は明治十四年九月、元老院議官として福岡を去るときチセら母娘を東京へ同行したであろうし、東京麻布の自邸に住まわせ、やがて清、チセの二人は再婚に至った。巷間、チセは清に脅されて妾になったとか、家の滅亡を救うために自ら妾になったのだとか、様々な憶測がなされたという。これに対して麻生曰く、「刑死した者の妻を寝取ったと言はんばかりの非難。世にいう下種の勘繰りとは清殿をこの様に悪しざまに語ること」と手厳しい。当然至極の反駁《はんばく》である。

麻生著『母里家のこと』によると、初代母里太兵衛三百年忌のとき（大正元年〈一九一二〉ごろ）には、東京よりチセが来福し、麻生宅の離れ座敷に泊まったという。写真は妹トミの死後、東京渡邉家の庭での母里四姉妹である。

西南戦争と渡邉県令

維新後なお社会は動揺の渦中にあった。明治六年（一八七三）征韓論の決裂により、西郷隆盛、後藤象二郎、江藤新平ら五参議が決然下野した。この政変で第二の維新が近いと思う者も少なくなかった。果たして、翌七年一月土佐出身の旧近衛士官らの岩倉右大臣要撃事件、二月江藤の佐賀の乱に続いて、九年熊本神風連の乱、筑前秋月の乱、長州萩の乱など士族反乱が暴発した。これらはいずれも西郷の決起を期待して起こった一連の事件である。

帰郷し隠遁生活を送っていた西郷にとっては、薩摩の不平士族らの存在は悩ましく、憂慮せざるを得ないものであった。そこで西郷は、彼らを一定場所に集めて教育訓練し、統制と実行力のある団体を作り、将来の国難に対処する準備をすることとした。かくして設立されたのが「私学校」である。

西郷の動静と私学校の存在は、九州の要害である福岡を守る渡邉清県令にとっても公私にわたる気掛かりで、いつ薩南が暴発するか慮外に置くことはできなかった。

西南戦争の勃発

最大の士族反乱の口火

私学校は銃隊学校（篠原国幹が主宰）、砲兵学校（村田新八が監督）、幼年学校、及び農事の傍ら学業を履修する吉野開墾社からなり、学校とはいうものの、政治結社的な軍事団体の様相を呈していた。

西郷から学校設立を相談された鹿児島県令大山綱良《つなよし》は、県の役人に一人の他県人も入れず、区長、戸長、警察官に至るまで、すべて私学校とその分校の幹部を充て、鹿児島県はまるで西郷―大山ラインで結ばれた軍事組織と政治組織をもつ西郷王国の観を呈した。ここでは県下の租税は一銭も中央に上げず、秩禄処分も地租改正も太陽暦もすべて無縁であった。他方、私学校党も各自に兵器の収集を始めていった。

これらの動きを通して薩軍動員体制が着手されたと看取した政府は、西南の風雲あやしと見て密偵をここに集中投入し、動向を探索した。渡邉清福岡県令が西南戦争に関わる約一年前の、九年正月ごろからである。

明治十年一月、政府は大阪砲兵支廠に命じて、三菱会社の汽船赤龍丸を派遣し、鹿児島県の工廠の兵器弾薬を大阪に運搬しようとした。これを知った私学校党は、弾薬庫内の銃砲、火薬は藩政時代からの備蓄であり、薩摩士族に属するものとして激昂し、草牟田陸軍火薬庫（一月二十九日）と磯海軍造船所付属火薬庫（三十一日、二月一日）を襲って、多数の兵器弾薬を略奪した。また西郷暗殺計画も発覚した。

こうして、私学校関係者を中心とする薩摩士族の政府への反発は顕わになっていった。西郷もここに至って挙兵を決意せざるを得ず、二月十五日、約一万三千の兵を率いて進発した。

薩軍の当初の作戦計画は、単純明快なもののようだった。すなわち、鹿児島から直線的に肥後国に北上進軍し、西郷陸軍大将の威光をもって熊本鎮台を開城させ、熊本城を本拠として全九州を鎮撫し、さらに中国路を経て上京すれば、政府は自然瓦解して、西郷中心の新々政府が容易に誕生するというものであった。この桐野利秋による作戦に対して、西郷末弟の小兵衛《こへえ》は三道分進論、野村忍介《おしすけ》は長崎港奇襲策、貴島清は豊後攻略・四国経由大阪進軍説を唱えたが、桐野の正攻法強硬論の前に潰え去った。

九州一円の不平士族は、西郷起つと知ると、いち早く党を結んで薩軍に投じる者が多く、このほかの者も含めて、薩軍は約三万人を超えるに至った。福岡県令渡邉清にとっては、薩南の動きもさることながら、県内士族の動揺も眼に見えて懸念事項となった。

渡邉県令は県内士族の動きを厳重警戒し、封殺せざるを得なかった。前者のため、密偵を放ちながら警察を各地に配備して動きを封じ、場合によっては家屋の立ち入りも厭わなかったに違いない。後者については、五人以上の集会を禁止した。

渡邉県令の苦悩と決意

鹿児島で私学校党の火薬庫襲撃事件が起きたのは一月二十九日、三十一日、二月一日であったが、このとき政府首脳のうち、三条太政大臣、木戸文部卿、伊藤工部卿、山縣陸軍卿らは京都にいて、岩倉太政大臣代理と大久保内務卿とが東京に残っていた。そこに二月五日、熊本から京都と東京に事件の第一報が入った。これは鹿児島の陸軍省火薬庫保管責任者が一月三十一日、熊本に郵送、熊本から東京、京都に打電されたものである。

大久保は薩摩暴発の第一報に接すると、二月七日付で京都の伊藤博文に宛て対策と決意について長文の書簡を送った。大久保がこの際第一に心痛したのはやはり西郷の動向である。大久保としては西郷が関係しているとは思いたくなかった。その心底には、西郷は佐賀の乱を起こした江藤新平、萩に起った前原一誠と同じ轍は決して踏むまいという信頼感があった。

しかし、『大久保利通文書』によると、「(西郷が）万一にもこれまでの名節を砕いて終身を誤るようであれば、残念でならず、それまでの事を断念するほかない」と西郷が起った場合を考え、政府側の対策として大久保はつぎのように決意を固めた。「西郷に説諭を加えるにしても、変に応ずる手順を立てることが最も肝要である」と。

さらに薩南有事の全国への影響を考えて、「同県に事有る日には、全国にその影響を及ぼし、一時天下は瓦解と見るより外になく、戊辰東北戦争の時と同じようになってしまう」。この見通しのもとに、さらに「正々堂々とその罪を鳴らしこれを討てば、誰がこれを非難しようか」と、徹底的に武力で解決することとした。これが政府の対策の基本方針となった。

一方、熊本に隣接する福岡県下の不安はますます増大し、各地に士族が集合、西郷に与みすべきか否かを論じ騒然となった。県では治安の維持を計ったが、なお動揺は治まらなかった。

渡邉清県令の心中はどうであったか。日本の近代化・工業化を進めて富国強兵、殖産興業を図ろうとする大久保に対して、農本主義を主張する西郷。しかし、大久保は士族授産のため奥羽地方の原野開墾をおこなおうともしていた。大久保は近代化を遮二無二進めようとしたかに映るが、西郷がいう農業重視も視野に入れていたのだ。清の心は大久保に傾いた。とはいうものの、西郷には戊辰戦争前の初めての上洛のころから目をかけてもらい、新政府の高官にも推挙された清の心は揺れる。最後に清を決心させたのは「人心収攬」であった。士族反乱は起こすべきでなく、身を棄てて福岡県民を守ろうと。

県令渡邉清は、西郷軍が福岡に迫れば県令自ら西郷に面接し、談じて進撃を思いとどまらせ、もし聞かなければ西郷を刺し殺す覚悟のほどを布告して、民心の動揺を鎮めようとした。左記の布告である。

今般の鹿児島県士族らの熊本県堺侵入については、熊本鎮台が討撃している。薩兵が歩を我県へ向けた場合には、私は単身西郷にあたるが、彼は素より兵を北上させるべきではない。大いに人民の災害になることから公道公義を説明するが、西郷が聞かなければ、私が県民を保護することは勿論、県民の向かうところを定めるに至っても私ひとりの責任であるから、県民は私が彼地より示す所を待つべし。この段洩れなく末々まで達する事

福岡県令　渡邉清

渡邉県令、戦況を注視

西郷のことが気掛かりな渡邉県令は、二月十八日朝、熊本権令に電報で問い合わせた。

「薩出兵の頭分は誰なるや。知らせよ」

この照会に対する返電は左記とあった。

「西郷、桐野、篠原なり」

西郷の名を見て清は「やはりか」と重い嘆息を漏らした。西南戦争が勃発したとき、諸事情から「西郷起つ」はわかっていたとしても、そうであって欲しくなかった。

挙兵した薩軍はこの三日前の十五日に鹿児島を発ち、いよいよ熊本県内に入った。これを知った渡邉県令は在京の大久保内務卿に打電した。薩出兵の頭分を問い合わせたのちすぐの電報である。

「薩兵凡《およ》そ二千人、昨十七日、熊本県芦北郡水俣へ着なす由。電報ありたり」

西南戦争において渡邉県令は、大久保内務卿をはじめとする政府内務省及び、熊本県、長崎県などの九州各県の県令らのみならず、大阪府知事や多くの県の県令らと、盛んに電信を交わした。戦況を見、情報の発信である。

福岡県立図書館に残る『明治十年諸方電報綴』にある電報は、二月十日午前九時五十分東京大警視発福岡県令宛てに始まり、九月二十五日午前八時五十分久留米支庁発福岡県庁宛てで終わっている。その数は一五八三通に上り、途中「福岡の変」などに関する電報が含まれているとしても、渡邉県令発宛ての電報は一五〇〇通を下らない。

左記は二月二十三日早朝、久留米支庁から渡邉県令宛て戦況を知らせる至急官報である。

南ノ関出張探訪より左のとおり報知あり。二十日、賊兵川尻を越し、若宮にて番兵と戦争を始め、台兵退く。二十一日、台兵破裂丸を放ち市街を焼く。残る所、出町京町新堀のみ。電信は砲火にて立ち退きたる由。熊本士族のうち頭立つ者に、県庁より鎮撫を命じたるにつき、士族百人県庁を守護する由

熊本鎮台司令長官谷干城《たてき》少将は、城を守るため焦土作戦をとることを決し、二月二十日を期して城下を焼き払う旨を達した。二十日、薩兵と熊本城籠城の鎮台兵との間で戦闘が始まり、二十一日熊本市街が台兵の破裂丸により一部を残して焼けるに至った。

その熊本市街も、続く二十三日早朝矢継ぎ早の久留米支庁発福岡県庁宛ての至急官報によると、すべて焼失したと伝えられている。官軍戦費の中には、「難民救済費」として一五二万円があり、熊本市については難民四十万四六〇〇人、罹災家屋三万五四〇〇戸の救済に充てられている。

ここで戦費捻出に触れておく。明治政府は、戦費として四二〇〇万円余を費消しているが、その捻出のために、十五銀行より年利五分で一五〇〇万円を借り入れ、また紙幣を増発した結果、明治十一年の紙幣発行高は一億二千万円となり、戦後数年間はインフレ的傾向が続いた。

これに対して、薩軍は戦争の中期以降に戦費が欠乏したため、独自に十円、五円、一円、五十銭、二十銭、十銭の六種紙幣を製造して発行した。「西郷札」といい、約九万三千枚、十四万一四二〇円に達したが（『熾仁親王日記』二による）、薩軍の実効支配地域内で無理矢理通用させたもので、もちろ

征討総督有栖川宮熾仁親王仮本営阯碑
(勝立寺にて)

ん、薩軍敗戦後にはまったく価値を失った。

西南戦争の征討総督には、戊辰戦争と同様に有栖川宮熾仁親王が任ぜられている。このとき総督本営は最初、大阪東本願寺旧学寮に置かれた。その後に福岡に移されたが、これは、福岡や佐賀、久留米などの士族がどのように動くかを監視し、彼らが呼応して挙兵するのを阻止するのに適した地として福岡を選び、総督本営を置いたにほかならない。

有栖川宮は、二月二十四日午前十時に自邸を出発して、神戸港の軍艦高雄に乗り組み、午後十時出航した。二十六日馬関経由で午後一時二十分博多湾に着いたものの、風波あって上陸を見合わせ、翌二十七日午後四時二十分に上陸して、福岡橋口町の勝立寺《しょうりゅうじ》に着陣している。ここで山縣・川村両参軍や福岡県令渡邉清らの面謁があった。有栖川宮が勝立寺にいたのは二日間で、二十九日福岡城に転営した。

勝立寺は仮本営であり、現在写真の石碑が建っている。なぜ有栖川宮は、博多上陸後すぐに本営福岡城に着営しなかったのであろうか。著者が訪問し得られた勝立寺第三十五代住職坂本勝成の証言によると、征討総督がまず勝立寺にとどまったのは、軍艦から直接福岡城に入ったとすれば士族の強い反発を招くおそれがあったことが考えられるとのこと。いわば様子見である。加えるに、寺が那珂川のそばにあり、士族らの反発があったとき、すぐにこの川を下って近くの博多港から博多湾に浮かぶ軍艦に乗り込むことができるのも、理由の一つであったろうという。

著者は、西南戦争の前年の明治九年に福岡県庁が渡邉清県令により勝立寺にごく近い天神町に移転され、二日間といえど仮本営と福岡県庁とで間断なく連絡をとりやすかったことも、理由の一つと推察したい。

その後三月十四日、三条太政大臣より総督宛て「本営ヲ久留米へ移シ、本営跡ヲ病院ニ充ルコト一ニ御同意ナリ、速ニ其御取計被下タシ」の電報が到来した。これを受けて有栖川宮は渡邉県令の先導のもと出立し、本営は福岡城から久留米へ移された。

その久留米本営に十八日午後、渡邉県令は総督参謀部宛て左記を打電している。

山縣川村参軍より、精選の巡査に銃器を持たせ御地方へ差し出すべき旨達しあり。しかるに銃はエンヒールにてまた弾薬に乏しきにより、両参軍にこの地にあるスナイドル百三十丁お渡しを電信にて請うたれども、両参軍戦地にあるか今に指令なし。巡査は既に発足に臨む。至急御指示ありたし西南戦争は、官薩両軍の小銃の差によっても勝敗が決した、といってよい。薩軍は武器装備が不統一で主としてエンピール銃を用い、官軍はスナイドル銃を標準装備していた。両銃とも銃身内にライフル（らせん状の条溝）が施してあり、射的の有効性においては大差はなかったが、エンピール銃は先込め式で、弾を銃口より込めねばならず一分に一発の発射速度であった。これに対して、スナイドル銃は元込め式で一分に六発発射の連射性があり、伏せ打ちが自在であった。この半面、銃弾の量産化と補給に難があったため、政府は外国から三千万発を輸入している。

二月西南戦争が始まるや、この内戦の模様を伝えようと「筑紫新聞」が藤井孫次郎らにより創刊された。第一号新聞は三月二十四日付、西郷挙兵から一カ月余で、田原坂の戦いが終わって間もなくであった。

「筑紫新聞」第一号はこの戦況を真っ先に扱い、県令渡邉清の「御布令」が左記のように一面トップを飾っている。

丙第弐拾八号

去る二月二十六日、二十七日の両日に、官軍は賊兵を熊本県下玉名郡高瀬町、山鹿郡山鹿村に敗って以来、山本郡木ノ葉町稲佐村田原坂、さらに昨二十日植木の賊営を陥して進撃した。黒田参議は軍艦で海陸兵三千余人を率い、去る十九日同県下蘆北郡日奈久町、八代郡八代へ上陸、賊兵の後を絶ち挟撃をおこなった。まさにまた明二十二日、征討総督本営を同じく玉名郡南ノ関へ移

す。以上よく心得、達する事

明治十年三月二十一日

福岡県令　渡邉清

これに見るように、布令は三月二十一日に出されているが、前日二十日までの戦況を詳細に述べ、翌二十二日の本営移動まで伝えている。官・薩両軍の戦闘は熊本でおこなわれ、渡邉清県令は福岡県庁にいたのである。このように正確、詳細な情報を迅速かつ長距離に伝えるには、伝令・烽火などではなく、電信・電報によるほかはない。時代はまだ維新後間もない明治十年である。

西南戦争の筑豊・三池炭業への影響

高まる石炭需要と坑夫不足

明治時代、筑豊は石炭一色であった。

元禄十六年（一七〇三）貝原益軒が『筑前国続風土記』に紹介した筑豊の石炭は、とくに遠賀、鞍手、嘉麻、穂波、そして筑豊ではないが宗像、糟屋において産出した。

明治六年七月、「日本坑法」が公布された。この法は、わが国で初めての鉱業法である。試掘、開坑の手続きを設け、開坑するには借区（坑区）を取得すること、借区の有効期限を十五年とし、継続の場合は再出願すること、借区人に借区税を課することと定めた。借区を取得すれば誰でも坑業人になれる道が開けたのである。

これにより、筑豊においては小坑が乱立し乱掘が横行するが、借区と開坑の許認可は福岡県がおこなった。

当時、福岡県における石炭礦場数は総数一八二坑、各郡で遠賀郡十二坑、鞍手郡七十一坑、穂波郡二十一坑、嘉麻郡五十四坑、糟屋郡十八坑、宗像郡二坑、席田《むしろた》郡三坑、早良郡一坑であった。この小坑乱立期の明治七年九月に渡邉清は福岡県令として着任した。必然的に、借区開坑願書の願い先には福岡県令渡邉清の文字が見られる。

明治十年代に入っても小借区出願の傾向はやまず、明治十三年について示すと、採掘箇所数が総数五〇二坑、遠賀郡三十七坑、鞍手郡一五六坑、穂波郡七十一坑、嘉麻郡一〇九坑、糟屋郡二十四坑、田川郡八十七坑などの多きである。

このような折、西南戦争は福岡県において士族を呼応させただけでなく、筑豊の炭業にも多大な影響を与えた。

明治十年二月二十二日、薩軍の熊本城包囲が伝えられ、三月に入ると関西方面の兵隊が続々と若松港に到着した。これら兵員、物資の蒸気船輸送で石炭の需要は増大し、今まで一万斤（約六トン）の炭価は六、七円であったのが二十円になり、ヤマは短い間であったが軍需景気でわきに沸いた。

このとき政府軍は、遠賀郡など筑豊において緊急に軍夫を雇い入れるため、その賃金を坑夫の二倍にしたことから、若い百姓や坑夫、船頭らが、こぞって応募して兵隊とともに南下していった。このため、どのヤマでも坑夫が不足し、中には休山するヤマも出て坑夫賃金は見るみるうちに急騰した。たとえば、嘉穂郡（現飯塚市）明治炭坑では、坑夫が軍夫に転じて労働力不足が生じ、これを好機として坑夫は数回にわたり賃上げを要求、会社側は困惑した。

渡邉県令とて、この流れを止める権限はもちろんなかった。

三池鉱山分局襲撃の怖れ

三池炭坑は、かつては三池藩の藩営鉱山と柳川藩の家老小野家の経営する炭山であったが、明治六年五月に明治政府が官収して官営鉱山となった。

この三池においてもっとも西南戦争の打撃を受けたのは、三池鉱山分局である。賃金の高い軍夫を志願する者が従業員の中から続出することは、第一に採炭に支障をきたした。そのうえ、二月二十三日に熊本城包囲戦で道を失った官軍の一隊五十六人が三池町（現大牟田市）に逃げ込んだことは、一層民心に動揺を与え、「鉱山分局があるから薩軍は必ずやってくる」との風評が支配的になってきた。

薩軍が三池鉱山分局を襲撃する怖れは十分にあった。蒸気船は石炭を燃料とする。事実、戊辰戦争時には旧幕府は北海道炭、薩摩藩は唐津炭、長州藩は宇部炭に頼り、維新後には明治政府は唐津炭、三池炭などで蒸気船を動かした。熊本と三池はそう遠くない。薩軍が政府軍蒸気船燃料が三池で採炭されていることを熟知していれば、兵力の一部を三池鉱山分局に向けていた可能性は否定できない。

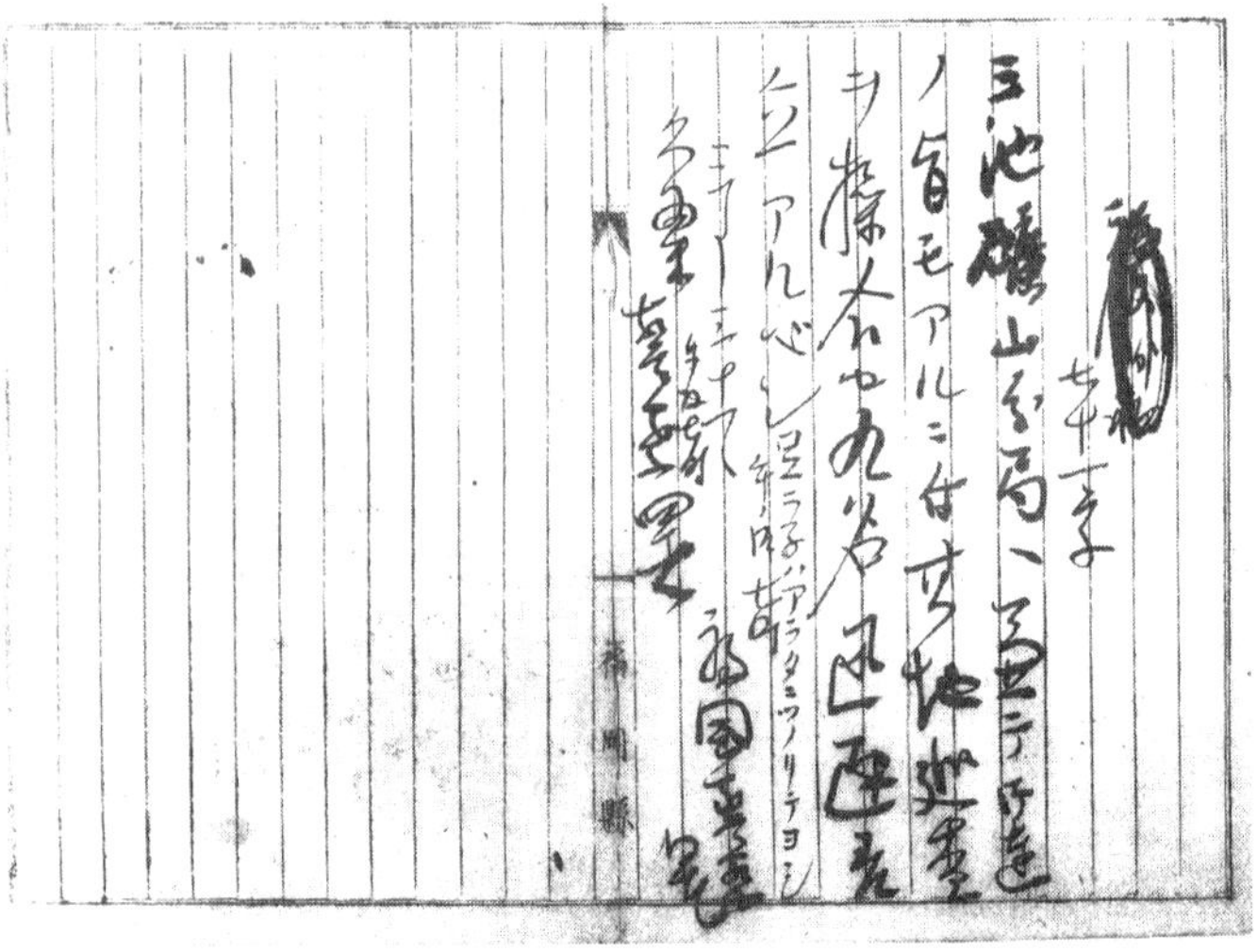

電文原稿（『福岡県史編さん資料 749』福岡県立図書館蔵）

当然、三池町民の動揺は福岡県庁へ伝えられたに相違ない。渡邉県令はすぐに巡査隊の派遣を考えたが、いかんせん三池坑は官営で、三池鉱山分局の管理下にある。清は切歯扼腕の心境であったろう。

三池町は避難準備で混乱の様を呈し、住民の話に「いつ西郷軍が押し寄せるかも知れぬというので、私の家でも、土蔵の扉や窓の隙間を父や男衆が、味噌で塗りつぶしていたのを覚えております」とあったほどである。

採炭作業もはかばかしくいかず、一方極度の民心不安に悩まされて、鉱山分局は二月二十六日、ついに避難することに決定した。局長ほか三十四名は久留米に、技師ほか二十二名は長崎へ行った。彼らが帰山したのは三月十日である。

帰山したころ、西南戦争は田原坂の激戦が終焉し戦闘の最前線は南下したものの、今度は薩軍兵の逃亡などが十分予想された。写真は三月三十一日午後七時、福岡警察署から久留米警察署宛て、巡査の三池鉱山分局への派遣を依頼した電文原稿である。
三池鉱山分局から渡邉県令宛てに巡査派遣要請がなされ、すぐに応じた県令から福岡警察署への指示があってのことである。用紙の「福岡県」に注目してほしい。なお最初の「七十一字」は、礦山を「ヤマ」と読んで全文カタカナ書きの電文としたときの字数である。

西南戦争の終結

左記は九月二十四日午後三時三十分、鹿児島県令が渡邉福岡県令宛てに打電した官報である。

本日官軍、鹿児島城山へ攻撃。賊魁西郷隆盛、桐野利秋その他討ち取り、あるいは降伏致し候。この段御通知に及び候

ついに九月二十四日、西南戦争は薩軍の城山陥落により終結し、西郷は自刃した。行年五十。薩軍は負けるべくして負けたの感が否めない。そこには西郷らの、時代を読めなかった誤算がいくつもあったからだ。電信・電報の発達、戦艦・輸送艦の有無、政府軍の新式銃の標準装備など、戊辰戦争の終焉から十年も経過していない間の時代の急進展に、西郷らは取り残されていた。

■官薩両軍の兵器比較

	官軍	薩軍
小銃	4万5721梃	約1万1135梃
消費弾数	約3500万発	約500万発
（1人あたり）	約600発	約150発
大砲	陸軍109門／海軍90門	約60門
砲弾	約7万3000発	（欠乏）

ここで官・薩両軍の戦力を比較する。

最大動員戦力は官軍六万〇八三八人に対して、薩軍は約三万一七〇〇人である。これらのうちそれぞれ六八四三人、約五千人が戦死している。戦費は官軍四二二二万円、薩軍約百万円と官軍戦費が圧倒的に多い。兵器については表の通りである。

さらに、官軍は軍艦十三隻（約一万四一一二トン）と運送船延べ百隻以上を保有するが、薩軍には軍艦はもちろんなく、運送船六隻を持つもすべて官軍に破壊、捕獲されている。

これより官軍は、兵員、兵器、戦費などのいずれも、薩軍をはるかに凌駕していることが明らかである。兵の資質においては、武士階級出身者が多い薩軍に対して、官軍は徴兵令施行からわずか四年で、ほとんど農民、町人などの出身者だといっても、装備、物量ともに官軍が戦争当初より有利であった。

西郷起つで、果たして全国の不平士族は立ち上がることができただろうか。著者は否の答えしか持たない。彼らが立ち上がるにしても、全国各府県でその動きは封殺されてしまう。すなわち、電信・電報でそれらの情報はすぐに政府に集まり、政府から下される各地の鎮台兵と各府県知事（県令）への指示によって事を起こす前に抑えられる。動けたにしても、政府軍戦艦による海上封鎖と艦砲射撃によって進路が遮断されてしまい、輸送艦による兵站《へいたん》、つまり兵員、武器弾薬、兵糧が大量輸送されて、新式のスナイドル銃を標準装備した政府軍によってこれまた進路が阻まれる結果となる。

著者にとってどうしても解せないのは、西郷らが兵站、とくに弾薬の補給をどうするつもりであったのか、ということである。軍の移動距離が長くなればなるほど、弾薬の輸送が困難になり、その弾薬も乏しい戦費では購入もままならないことはわかっていたはずである。

西郷は最初から、この戦争に死地を求めていたのではないだろうか。

維新三傑、巨星の輝きを失う

西郷の死の前、木戸孝允が病死している。この年四月、薩軍の劣勢を聞く中、肝臓肥大の症状が著明となり、衰弱が甚だしくなった。病いよいよ篤く、血便をもらし始め、五月二十六日午前六時半、「西郷、もう大抵にせんか」と、うわごとをもらしながら絶命した。享年四十五。

さらに翌十一年五月十四日朝、大久保利通は、前年の西南戦争における陸海軍の将兵に手ずから勲章を与えるべく、太政官へと道を急いでいた。乗った馬車が紀尾井《きおい》町の坂道に差しかかったとき、大久保は六人の刺客に襲われ暗殺された。享年四十九。彼らは、西南戦争に対する措置、そのほか政治すべてにおいて大久保を非とする、元加賀藩士の島田一郎をはじめとする士族たちであった。同月十九日におこなわれた大久保の葬儀に、儀仗兵《ぎじょうへい》の指揮官を務めたのは、その西南戦争で軍旗を奪われたもののの、許されてこのとき歩兵第一連隊長となっていた乃木希典《のぎまれすけ》中佐であった。

木戸の死から四カ月後に西郷が死に、さらにその八カ月後に大久保も死んだ。一年のうちに、維新三傑は相ついで巨星の輝きを失ったのである。

渡邉清にとって、木戸は戊辰戦争前に大村に訪ねてきて会ったことのある旧知で、上洛後からは西郷、大久保は歩を一にして戊辰戦争を闘った仲であった。維新後も政府高官として彼らとの交流は続く。そのような盟友三人がこの一年の間に相ついで斃れたのである。

彼らがいたからこそ、自分たち兄弟をはじめ楠本正隆など多くの旧大村藩士が明治政府の高官として活躍できている。そう感謝しつつ自身は福岡県令としてますます人心収攬のもと県民に尽くすことこそ報恩、と誓う渡邉清の姿が五月十九日大久保の霊前にあった。その眼には、佐賀の乱に同行したときの大久保の姿が走馬灯のように映じていたであろう。

福岡県庁移転と第一回県議会

明治時代の福岡県史を大別すると、明治元年（一八六八）から四年までが第一期の藩治時代で、明治二年に版籍を奉還しても、旧藩主が藩知事となって治めていた。明治四年から九年までが第二期の三県分立時代で、藩治時代の筑前は福岡県、筑後は三潴県、豊前は小倉県となった。明治九年からは、第三期の三県合併の大福岡県時代となって発展する。

他方、目を政府に転じると、明治十一年四月、政府は第二回地方官会議を開き、いわゆる地方三新法を議決した。地方三新法とは府県会規則、地方税規則及び郡区町村編成法をいう。ついで、同年七月の太政官布告第十八号により府県会規則を、第十九号布告により地方税規則を公布した。また、同月の第十七号布告では、郡区町村編成法が発布された。これら太政官布告は、当時の太政大臣三条実美が各府県宛て発令し、福岡県においては渡邉清県令によって布達された。地方三新法は、わが国地方制度最初の成文法といわれるもので、ここに初めて、地方自治の体系基礎が確立したのである。

福岡県議会のスタート

福岡県庁の移転

明治八、九年ごろの福岡県民は県庁のあるお城（福岡城）に対してどのような気持ちを抱いていたのだろう。察するに、「偉い人たち、怖い人たちがいるところ」との印象があったのではないだろうか。

偉い人たちとはすなわち県令をはじめとする県庁のお役人であり、怖い人たちとは軍隊、軍人である。

国民皆兵の徴兵令が布告されたのは六年一月で翌年末に歩兵第十一大隊が福岡城に分遣され、八年三月解隊。同年四月小倉に歩兵第十四連隊が新設され、九年四月にその第三大隊が福岡城に分駐した。

福岡県庁は、渡邉清県令就任二年後の明治九年七月十五日に開庁式をおこなって、福岡城から福岡天神町（現福岡市中央区天神）に移転した（県庁舎は六月二十七日に新築落成）。このとき渡邉県令はつぎの布令を達している。

各区区長

新県庁が竣成し、本月十五日に開庁式を挙行するので、区内人民の総代として正副区長のうち一名は礼服を着用し本日午前七時に遅延なく出頭するよう達する

ただし正副区長に差支えある場合には、区長助勢または戸長代理が出頭する事

明治九年七月六日

福岡県令　渡邉清

渡邉県令の県庁移転への並々ならぬ気持がうかがえる。清は、維新後の福岡県民の人心収攬を思って、県政は封建的な、石垣をめぐらした城郭の中でおこなってはならず、庶民の生活の場に在ってこそ県民のための政治ができると考えて、県庁の移転を決心したのではないだろうか。

しかも、天神町の県庁玄関前には「標柱」の元標（福岡元標）が据えられた。標柱とは「福岡元標ヨリ里程ヲ起算シ壱里毎ニ設立シ、福岡元標エノ里程ヨリ其郡其村エノ里程ニ至ルマテ一目瞭然タラシメ以テ公衆ノ便益ヲ計ラントス」（『明治十二年度通常会議事録』）るもので、明治十二年の第一回県議会においてその建設予算が議決されている。著者はこの標柱建設の理由を、清の人心収攬を大切にする気持ちから察して、新しい、庶民の場に下ろした県庁を、大福岡県民の心の拠りどころと位置付けたかったからに違いないと考えたい。

ひるがえって、現在、舞鶴公園となっている福岡城址には一面に桜の木が植えられ、天守台から見下ろす満開の「桜の絨毯」は見事である。今ここは、春先の市民憩いの場となっており、市内外から来る人や観光客で賑わっている。

第一回県会議員選挙と福岡県議会のスタート

第一回県会議員選挙は、明治十一年十月におこなわれた。同年七月二十二日の府県会規則によって、被選挙権は二十五歳以上の男子、三年以上の府県内居住者であり、その府県内において地租十円以上を納める者、また選挙権は二十歳以上の男子であって、郡区内に本籍を有し、その府県において地租五円以上を納める者と定めている。選挙の結果、五十六名の議員が選出された。

ところが、府県会規則はその第十三条但し書きで、「官吏オヨビ教導職ハ議員タルコトヲ得ズ」と規制を加えていた。このため、せっかく当選はしたものの、選挙後になって市長、学区取締、郡書記、県属、郡長などの公務を官撰拝命して失職した者が七名いた。また、今と違って議員のイスに魅力がなかったせいか、「今般家業の都合により」「昨今いささか多忙につき」などの理由で、当選後間もなく退職届を出して辞任する者も多く、その数実に二十一名にも上った。その結果、補欠当選が県下各地で相次いだ。晴れの第一回県会には二名が欠席している。

第一回福岡県議会は、明治十一年七月制定の府県会規則によって、翌十二年三月十二日に開会し、四月十八日閉会、開会日数三十九日であった。

議場は中央ひな壇に議長席があって、その左側に書記官四人、議長のうしろに県庁各課主要官員が並ぶ。議員席は議長、書記官席の両側から「コ」の字形に二列に並んだ。議員席には抽選によって番号が付けられ、議長席右寄りの一番議員に臨席する番外として県令が着席した。新聞記者席は左後列で、そのうしろと正面後列に傍聴人席、右後列に郡区長席があり、左隅の傍聴人入口わきに巡査席が設けられた。県令はもちろん渡邉清で、初代議長には中村耕介、副議長には十時一郎が互選により選ばれた。開場式挙行の際には、県令、書記官ともに大礼服を着用、県令は左記の現代文要旨として示す演説書を朗読し、議員総代がこれを受領した。

（明治八年四月の第一回地方官会議における国家立憲の詔を受けて）他日もし国会が興れば、今日の県会はその国会の基礎となり、今日の議員はまた国会代議士として選ばれるべきで、官民一百余万の嘱望を受けてこの選挙にあってもらいたい。その栄光は実に大きく、その責任は真に重いことは云うに及ばない。各員は上は朝命を体し下は民情を思い、もって国家を細部にわたって支援されんことを願う。

参考ながら、明治二十三年開催の第一回帝国議会に臨んだ三百名の代議士のうち、実に六四パーセントが府県会議員の出身者であった。

議事においては、議長、副議長の互選と抽選による議員議席の決定についで、県会議事規則、県会議長以下旅費日当及書記俸給定則などの諸規則心得などを定め、明治十二年度地方税収支予算を決議、三十二種の各議案及び番外議案などを議決した。第一号議案は河港道路橋梁建築修繕費支弁の方法に関してで、これにより河港道路橋梁の建築修繕費が二万二二六九円と議決された。支出予算費目では、綿作改良拡張費、甘藷製糖法改良拡張費、養蚕製糸費、櫨樹製蠟改良費、藍作及製塩試験伝習所設置費と、農業関係が目を引く。これらと並んで、勧業試験場諸費、博物館諸費、博覧会開設費、流行病予防費、医学校建設費、医学生徒学費が、明治初期の時代を反映して印象的である。

このように渡邉県令のもと議決された支出総計が三十九万五九三三円四十六銭、このうち四万四三七一円が国の補助金で、地方税の支出総額は三十五万一五六二円四十六銭であった。一方、徴収の方は営業税、雑種税など合計三十五万二七八八円十六銭二厘で、収支差し引き一二二五円七十銭二厘の黒字を残す健全財政であった。

渡邉県令は当時珍しい金の入れ歯をピカピカさせていたので、世人は「金歯県令」とあだ名したが、県会とはうまく折り合い至極平穏であった。渡邉清のつぎに渡辺国武《くにたけ》、ついで十五年岸良俊介《きしらしゅんすけ》が県令となったが、このころから県当局と議会とは折り合わず、再三問題を起こし、十九年二月安場保和《やすばやすかず》が県令となるに及んで、事ごとに正面衝突を繰り返すようになった。

久留米藩士族の福島県原野開拓を支援

士族授産としての安積原野開拓

秩禄処分により生活の糧を失った士族たちへの対策として、新政府は明治十一年士族授産事業に着手した。その手始めとして福島県安積《あさか》原野の開拓を計画し、全国から士族を募って移住開墾を図る。

この安積開拓事業に率先参加し、はるばる九州久留米から移住してきて開墾したのが久留米藩士族である。この久留米開墾は、中央政府と直接の連携を保ちながらの国家的大事業であったが、その陰には福岡県令渡邉清の支援があった。久留米開墾については森尾良一著『久留米開墾誌』に詳しい。

幕末久留米藩は、藩財政の立て直しに成功して洋式軍容と海軍力を持ち、戊辰戦争にも兵を送っていた。このような中、佐幕派の家老を暗殺するなど藩政権を握った久留米勤王党であったが、新しい首脳は藩経営や財政運用の能力に欠けていた。当然、これら藩首脳に対する批判が藩内に巻き起こり、これを打開するべく久留米勤王党は明治四年三月、明治新政府の転覆を企てた。これが久留米藩の「藩難事件」である。しかしクーデターは未然に防がれる。この反乱未遂事件で処罰された者は、久留米藩の藩主以下五十七人をはじめ、秋田から熊本まで三五〇人以上に上った。同年四月、久留米藩は七月の廃藩置県を待たずして廃藩となった。

捕えられ熊本監獄に収容されていた久留米藩士森尾茂助らは、明治十年二月西南戦争の勃発により熊本城が西郷軍に包囲されると、仮出獄になり指示に従って征討軍に従軍した。戦争鎮定後、森尾らは征討宮（有栖川宮熾仁親王）に付き従って東京に凱旋、このとき内務卿大久保利通に会い、「安積開墾」への久留米藩士族の参加を勧められた。

この開墾事業は、もともと福島県典事中條政恒の「安積開拓構想」があり、猪苗代湖《いなわしろ》の水を東注して、安積原野を灌漑することができれば、安積の産米は数倍の増産ができるというものであった。明治九年五月大久保内務卿の来県を機に、中條はこの構想の採択を懇願する。ときあたかも大久保利通は、政府の政策に不平不満を持つ失業士族をいかにして鎮撫安定させるべきか、その対策に悩んでいたときであったため、非常に時宜に適した良策であると喜び、その意見を採択することを約した。

大久保内務卿は、翌明治十一年三月太政大臣三条実美に「一般殖産及華士族授産の儀に付伺」の稟議書を提出、同四月第二回地方官会議を招集して、一般殖産及華士族授産の件を付議したが、その議案の中に安積開拓の件も当然含まれていた。

ところが会議終了後の五月十四日、大久保は参内途上暗殺される。この急変により安積開拓事業着手も一時危ぶまれたが、後任の伊藤博文がよく大久保の遺志を継いで実現に努力した結果、政府はいよいよ同年七月二十七日安積開拓の実施を決定した。

政府の決定があるや、森尾茂助は郷里の久留米に帰り、同志の奮起を促すとともに、移住開墾計画書を作り、渡邉清福岡県令の承認を受け、久留米士族の集団移住による安積開拓を企図したのである。

この計画は意外の共鳴を呼び、趣旨に賛同し参加を希望する同志が続出して、一応決行できるだけの人数がまとまった。そこで先発隊を現地に送ることとし、旅費立替貸与方（明治十一年十月二十四日付）を渡邉県令に申請して承認を受けた。

移住先発隊と渡邉県令の支援

移住先発隊は森尾茂助、井上敬之助（二十八歳）、萩尾三郎（二十八歳）、弓削義之助（二十八歳）、渕上浅吉（三十三歳）、杉村利作（二十六歳）、田中喜三郎（二十歳）、森山繁太郎（二十歳）の八名で、明治十一年十月二十五日朝、決別を惜しみつつ勇躍故郷をあとにした。翌二十六日、笠米吉と西田七蔵があとを追って加わり、一行はこの日午後福岡県庁に出頭し、県令に面会、移住開墾の決意書を差し出した。

ここは県庁の県令応接室、渡邉県令と森尾茂助一行が対座している。県令は一行の来庁を謝しながらいう。

「いよいよ福島へご出発ですね」

一行を代表して森尾が答えた。

「私ども今回、福島県安積原野開墾の美挙があることを聞き、躍然郷里を去り彼の地に移住、開拓に従事して、国恩に報いたい考えです」

県令はその決意を称賛しながら、自身の経験を紹介した。

「安積郡は二本松藩の旧所領です。私はこの地で戊辰戦争を戦い、明治二年（一八六九）七月、按察使補佐として戊辰戦争後の政情・民生を調査指導しました」

森尾ら一行はこれを聞いて驚き、気を引き締めた。県令さらに継ぐ。

「皆さんとともに私も行きたいところですが、どうぞこの意を汲んで開墾をぜひ成功させてください。私に代わっては県庁職員を同行させましょう」

県令は、総轄として下坂始ら二名の職員を同行させることとした。

森尾は欣喜雀躍して、

「私どもはこれから一層同心協力し、本県人民の美名を千載に残さんことを誓う次第です。私どもの決意をどうか憫察《びんさつ》し、ご支援くださるよう願ってやみません」

一行は郷里を出てから十八日目の十一月十一日午後六時三十分、待望の目的地安積郡郡山に到着した。この間連日午前五時出発、日没まで移動するという強行軍で、一日約四〇キロの行程を踏破したのである。海陸一二〇〇キロ、海路に汽船を利用した（博多港―神戸港―横浜港）ほかは、ほとんど徒歩であった。以来久留米では、先発隊が郡山に到着した十一月十一日を「開墾記念日」としている。十一は士に通じ土に通ずるので、士が土に帰った日という。

入植は久留米藩士の明治十一年を皮切りに、十三年から十五年にかけ旧幕藩の会津、米沢、棚倉、二本松、松山、岡山と、新政府側の土佐、鳥取の各藩士が続いた。久留米藩士はもっとも遠いところなのに一番早く、しかものちの入植者も含めて一番多く移住している。

久留米先発隊の森尾ら一行十二人は、郡山到着の翌日から、福島県の出先機関のあった開成館への到着を届け出、そこで起居をともにしながら、福岡県庁への連絡のために福島へ行ったり（当時連絡の手段は白河から東京方面への電報のみ）、郡内諸原野の下検分をしたり、さらには、そこから水をひくことになる猪苗代湖の実地調査をしたりするなど忙しい日々が続いた。すべて草鞋《わらじ》履きの徒歩によってである。郡山到着の一カ月後には、開成館の宿舎から開墾着手地に近い空家に移り住み、いよいよ土地の開拓を始め、安積原野のうち大蔵壇原の一角に待望の一鍬を打ち込んだ。明治十一年十二月三十日午前十時のことであった。

この士族授産事業は士族の移住開墾者に対し、旅費のほか開墾費、家作を貸与する条件で移住を勧めた。このため、久留米藩士百戸の移住許可を受けた森尾らは、この費用交付について福島県令に開墾費貸与方を願い出た旨、福島県令から渡邉福岡県令へ申し達しされている（明治十一年一月十日付）。

先発隊が入植地を決定し開墾に着手するや、森尾茂助は郷里久留米に引き返し、結成した「久留米開墾社」への入社を説き回った。一般市民の「いかに政府が進めるからとはいえ、食わんがために土を掘るとは見下げ果てた腰抜けどもである」との嘲《あざけ》りはあったものの、入社を希望する者が続出し、その数男女およそ二百余名に達した。このとき、福岡県でも森尾らの憂国の至誠・熱情に感じ、渡邉県令の指示で左記の「開墾地の調査報告」を付して久留米開墾社入社募集を公告するなど、支持・援助を惜しまなかった。

先発隊に同行した県属下坂始が帰庁後の明治十二年三月、渡邉県令に提出した報告書で、大要はつぎの通りである。

大蔵壇原は奥州街道郡山駅の西南にある原野で、地勢はおおむね平坦、面積およそ八十町歩である。周囲には大槻、荒井、小原田の三カ村があり、いずれも三百余戸の農村で、養蚕が盛ん、野菜もよくでき、荒井村には水田が多い。気候は大体東京と大同小異、極寒といえども華氏三十度くらいである。地質は中等、上土は深さ七寸内外、真土《まさど》に砂を交え、底土は黄白色にして砂礫交わり粘り気がない。東三十町ばかりの所に阿武隈川が北流している。大蔵壇原は高所を畑、低所を水田とすれば畑六分田四分位できるが、内務省雇猪苗代湖掘割係奈良原繁君の掘割工事が落成すれば水田は多くなると思われる。

報告書に猪苗代湖の掘割工事が出てくる。「安積疎水」工事をいう。安積疎水はもともと中條構想にあったように、安積原野が水利の便に欠けていたため、その開墾地の灌漑用水として安積西方の高地にある猪苗代湖の水を利用すべく、安積開拓事業の一環としておこなった水利施設である。その総延長は一二二・三キロに達し、灌漑面積は約七〇〇〇ヘクタールに及ぶ。すべての工事は手掘りであったため、数名の死亡事故を出すといういたましい犠牲もあったものの、明治十五年の秋に竣工した。

安積疏水は当初工費十八万円余の予算で着工したが、三年一カ月の年月をかけ従事延人員八十五万人の人手と、物価騰貴などの関係もあり総工費四十万七千円を費やした。この疏水の完成によって、日本海と太平洋とが猪苗代湖を通して繋がったことを付記しておく。

渡邉県令、開墾所を視察慰問

開墾地が決定したので、移住先発隊は家族や後続の移住者を迎える準備として大蔵壇原にまず共同住宅（長屋）を建てることとした。引き続き事務所や仕事場、食堂、浴場、畜舎などを建て、着々準備は整った。そして家族や後続の移住者は明治十一年九月から十一月にかけて続々と郡山に到着したが、家族連れなので久留米を出て到着まで一カ月位を要している。その数は百戸、三百七十余名に達した。

しかし、長屋は雨露を凌ぐだけ。天井もなければ畳などもなく、床の上に筵《むしろ》を敷いただけである。いくら禄を失ったからとはいえ、先祖代々墳墓の地を捨て、移住地まで持ってきたものはほんの手回りの品だけであった。弱音を吐かない覚悟を決めては来たものの、安積おろしの寒風が容赦なく吹き込み、移住第一年目の冬はあまりにも厳しかった。渡邉清ら奥羽按察行程の厳しさを彷彿とさせる。

移住家族の道中逸話を紹介しておく。移住者の途中の服装は長ずそ、素足に脚絆《きやはん》、草履《ぞうり》か草鞋をはき、ぞろぞろ歩くのである。茨城県の古河から郡山までは七日七晩かかったが、宿に着いても言葉が通ぜず心細くなり、次第に不安な気持ちが募っていった。那須野ヶ原の宿屋で身欠きニシンの煮つけを出されたのを蛇料理と早合点し、女子供が「鬼婆が住んでいたという奥州だから、これから先どんな目に遭うかもしれない。国に帰る」と駄々をこね、同行者を困らせたなど、笑うに笑えぬ深刻な物語が多々あった。

同年十月、百戸移住の家族も大体開墾地に移住を完了し、社則に則って社員並びに子弟の教育も始まった。明治十二年には政府要人らによる久留米開墾社の視察や援助が相次いだ。伊藤博文内務卿、林友幸内務少輔、松方正義《まさよし》勧農局長らの視察、三条実美・岩倉具視両大臣や旧藩主有馬頼威《ありまよりしげ》の奨励援助であり、明治十三年には久留米開墾社に対する慰労の勅語も伝達された。

渡邉福岡県令も明治十二年十月二十六日、はるばる九州から来郡し開墾所を訪れて開墾の実況を視察慰問した。

森尾らは久しぶりの再会を喜ぶ。県令にとっては彼らの元気な姿が一番うれしい。

「県庁でお会いしたのは、ちょうど一年前のこの日。皆さん、よう頑張られた！」

森尾、感涙に咽《むせ》びながら答礼する。

「これも渡邉県令ほか県庁、福岡県民のお陰です」

県令は開墾所や住宅が吹き曝《さら》しであることに気づいた。

「住宅防風林用としてハンノキの苗百本を送りましょう」

ハンノキは薪としても煙の出が少なく大名の焚き木ともいわれており、成長が早く繁殖力も強くて、今なお当地に現存しているという。自身の奥羽戦争や奥羽復興における寒さの体験からである。

希望を抱いて開拓に挑んだ久留米開墾社であったが、その労苦は想像を絶した。原野の開拓だけでなく凶作もあり、気候風土の厳しさ、とくに積雪の多さは九州生まれの久留米人には過酷すぎた。明治二十三年、開墾成功式で代表の森尾茂助は「久留米を出てこの福島の地で開墾に挑み、早や十余年。いまや人口五八五人、一四一戸の農家が田畑三百町歩を有するまでになった。しかし、この成果に慢心せず更なる発展のために頑張ろう」と開拓民を讃え鼓舞したが、苦闘はなお続き、明治二十年を過ぎても生活は困窮を極めるばかりで、離村する者もあとを絶たなかった。

森尾ら久留米藩士族が血と汗で拓いた開墾地は、郡山市の発展とともに今では市街地に組みこまれ、久留米町となり、苦闘の跡を偲ぶ記念館や記念碑が残されている。昭和五十年（一九七五）、開拓が縁となって久留米市と郡山市は姉妹都市を結び、今日に至るまで様々な文化交流の輪を広げている。

幻に終わった「博多・福岡築港計画」

地元福岡では、既に明治七、八年ごろから市民の間に築港熱が高まり、当時の渡邉清県令は、明治十年の西南戦争に際し博多港における荷役の不便さを痛感していた。清は明治十二年、維新時にアメリカに留学し土木工学を学んだ本間英一郎《ひでいちろう》に博多港を測量させ、併せて内務省お雇い外国人技師のデ・レーケを招聘して設計をおこなわせた。博多港の測量、設計に携わった本間とデ・レーケがどれほど傑出した技師であったか、少し長くなるが、紹介しておこう。

本間は福岡藩士の子として生まれ、慶応元年（一八六五）藩命により長崎で英学を学んだのち、明治二年土木研究のためアメリカ・マサチューセッツ工科大学に留学した。七年帰国し海軍省を経て、十三年工部省鉄道局に勤める。二十七年退官し、総武鉄道、北越鉄道、東武鉄道、北海道鉄道各社の技師長、社長顧問、取締役などを歴任、日本の鉄道建設に多大の功績を残した。晩年には碓氷鉄道の開通にも貢献した。

オランダ人技師ヨハネス・デ・レーケは、明治六年内務省土木局に招かれ、G・A・エッシャーらとともに来日、河川港湾の改修などに携わり、のちエッシャーらの後任となって内務省の土木技術の助言者、技術指導者として活躍した（G・A・エッシャーは「だまし絵」のエッシャーの父にあたる）。デ・レーケは、明治三十六年の離日まで三十年にわたってわが国の河川改修や砂防に功績があった。このため、わが国では「砂防の父」と呼ばれている。とくに、木曾川の下流三川分流及び淀川改修が有名で、九州では筑後川河口の若津港導流堤工事を監修し（明治十六年）、長崎市の中島川変流工事にも携わっている（明治十年と十五年）。

閑話休題。渡邉清県令の築港計画は、事業費二十万円の博多港と事業費十万円の福岡港修築であった。博多築港計画は、博多湾への流入河川（那珂川）を改修し、河流の放水により流砂の築港に及ぼす悪影響を除いておいて、内港、外港を設けようとするものであった。これに要する経費は半額を地元が負担し、あとの半額は国庫補助を予定した。

この案を持って渡邉県令は上京し、ときの大蔵卿大隈重信に十万円の無利息、三十年半賦償還で借金を申し込んだ。しかし、のちに予備費ともで二十五万円を要することが判明して、せっかくの案も福岡築港計画ともども中止に終わった。

清が断念した博多港の築港工事が始まったのは、明治二十六年六月のことである。

文化を遺す

大宰府址碑の建立

太宰府市の都府楼趾（大宰府政庁正殿跡）には、三基の石碑が建っている。写真左から、「大宰府址碑」、「都督府趾碑」及び「大宰府碑」である。渡邉清は「大宰府址碑」に文化を遺した。

江戸時代、貝原益軒《かいばらえきけん》や青柳種信《あおやなぎたねのぶ》など、学者たちを中心に大宰府への関心が高まった。福岡藩でも天明年間（一七八一～八九）に九代藩主黒田斉隆《なりたか》が開墾による礎石の埋没を禁じたほか、寛政五年（一七九三）と文政三年（一八二〇）には現地を巡見して礎石の配置図を作成するなど、保存のための活動が盛んにおこなわれた。しかし、十九世紀に入ると次第にその関心は薄れ、文政三年に二〇三個を数えていた礎石も、明治二十三年には一〇五個にまで減少していた。

このような中、大宰府址碑は明治十三年に建立された。大宰府の由来を石に刻むべく、人々が撰文を依頼したのが当時の福岡県令渡邉清である。清の文を、彦根藩士から近代日本を代表する書家となった日下部《くさかべ》東作《とうさく》が書とし、鳩山翠豊が刻字した。東作は日下部鳴鶴《めいかく》として世に知られ、明治の三筆と呼ばれたほどの書の大家で、「日本近代書道の父」とも呼ばれる。碑の上部に篆書《てんしょ》体で刻まれている碑銘は、有栖川宮熾仁親王の染筆とされる。

都府楼趾の3基の石碑（左から大宰府趾碑、都府楼趾碑、大宰府碑）

碑文には、大宰府が興ってから時代とともに変容していくさまが刻まれており、今は礎石のみとなったその跡地が、このままでは廃墟となり湮滅《いんめつ》してしまうことを嘆いた御笠郡の諸子がこの碑を建てたことを記している。

碑文は漢語調となっているが、渡邉県令の心意気を知るため、敢えて原文の読み下し文として左記に記す（前半部は省略）。

清（渡邉清—引用者注）ハ乏シキヲ承ケテ本県ニ令タルコト比ニ六年ナリ。毎《つね》ニ遥カ鼓嶺ノ麓ニ来リテ、其ノ雄図偉略ヲ想見スルニ、未ダ嘗テ今昔ノ感無キニシモアラズ。里民、或ハ墾キ畦畝《けいほ》ヲ為《つく》リテ、残礎多ク埋没ス。天明中国主黒田斉隆、令シテ之ヲ禁ズ。今茲ニ庚申、御笠郡ノ諸子其ノ終ニ湮滅スルヲ慨《なげ》キ、請ヒテ、碑ヲ建テ以テ之ヲ紀《しる》ス。清ハ已《もつ》テ其ノ捐資《えんし》ヲ挙ゲテ之ヲ助クルヲ嘉《よみ》シ、乃チ銘ヲ作シテ曰ク、官寮ハ允粛《いんしゅく》シテ、制度ハ允厳《いんげん》タリ。九州ハ惟《こ》レ宰シテ、三韓ハ維レ監ス。辺戍《へんしゅ》ニハ備ヘ有リテ、梓弓ハ林ヲ為ス。昇降ニハ序有リテ、水漏ハ音ヲ報ズ。悠々タル風雨ニ、府楼ハ湮滅ス。緜緜《めんめん》タル星霜ニ、礎石ハ散列ス。思川《おもいがわ》（御笠川の源流―引用者注）ノ水ハ枯レ、鼓峯ノ霧ハ結ブ。千歳ノ下、凄風寒月。

ちなみに、残り二つの石碑を紹介しておく。

中央の「都督府趾碑」は最初に造立された。御笠郡各村で大庄屋などを歴任した乙金出身（現福岡県大野城市《おおのじょうし》乙金《おとがな》）の高原善七郎美徳が、都府楼趾の荒廃を嘆いて、明治四年に建てたものである。

右側の「大宰府碑」が建てられるのは、「大宰府址碑」建立の三十四年後、大正三年（一九一四）を待たなければならない。しかし、この碑が企画されたのは寛政元年のことで、フランス革命勃発の年にまで遡る。当時碑の撰文は、福岡藩の儒医であった亀井南冥《なんめい》が藩命によりおこなった。その後に藩内の学閥争いが激化し、碑文の内容が体制批判であるとみなされて、建碑は中止に追い込まれた。さらに、幕府が朱子学以外の学問を禁ずるようになると、異なる学派に連なる南冥は失脚してしまい、いよいよ建碑は遠のいてしまった。現在の「大宰府碑」は、南冥の才を惜しんだ弟子たちの手により、一二五年の歳月を経て建立されている。

博多祇園山笠の復活

渡邉県令が文化を遺そうとしたもう一つの事例を示そう。時代を遡るが、明治八年の山笠についてである。

山笠は正式には「博多祇園山笠」といい、毎年七月一日から十五日（早朝）まで、博多でおこなわれる夏祭りである。町々には絢爛豪華な飾り山が立ち、勇壮無比な舁《か》き山笠が博多の町を駆け抜ける。期間中の人出は約三百万人と、山笠は日本を代表する祭りだといえる。国指定重要無形民俗文化財で、平成二十八年（二〇一六）にはユネスコの無形文化財の一つに登録された。

明治新政府は国家の近代化を目指して、新しい社会の創造に執念を燃やした。明治四年の廃藩置県、郵便開設、断髪令のあわただしいときに、この年の当番町は山笠実施を申し出たが、当局は許さなかった。

しかし、明治五年には許可があって、高さ五十尺余（約一六メートル）の華麗な山笠が立ち、舁きまわったものの、翌六年には山笠禁止令が出たため、以後、高い山笠と、それをそのまま舁きまわる華麗と豪華さは見られなくなってしまった。

明治六、七年の当番町は執拗に山笠復活を申請したが左記のように却下された。

御指令

山笠再興について書面と陳述により申出あるも、その流は奢侈にして人民に悪影響を与えるため

先に廃止を申し付けていたが、再興は難しくよく詮議する事

明治七年四月二十九日
福岡県

ところが、渡邉清県令の明治八年になって、追山笠の二日前、旧暦六月十三日午後五時にやっと許可が出された。四年ぶりの復活である。この年の当番町（浜口町中、土居町中、橋口町、市小路中町、芥屋町、古小路町）は、ともかく何でもよいから山笠を飾ろうと、十四日夜に山を立て、背景もなく浴衣を着た人形一体を台上に乗せただけの山笠を造った。これを「ゆかた山」といった。せめて標題だけでもと、「山笠再興誉」（浜口町中）、「神祭復興歓」（土居町中）などと大書し台上に立てて、復活を喜んだ。山舁きもおこなわれたが、十五日朝の追山のとき、祇園町の万行寺に大火があって、このため櫛田入りは午前十一時ごろになった。しかし、この翌年から再び禁止、明治十五年まで山笠を見ることはなかった（本格的な復活は明治十六年から）。

渡邉清はなぜ山笠復活を許可し、なぜすぐに禁止したのか。おそらく、清の心中に常在する「人心の収攬」のゆえに、博多人が熱望する山笠の復活を許したものの、当番町をはじめとする博多人の熱情が、二年前の筑前竹ヤリ騒動に見られた「暴動への発展」に向かうことを怖れたのではないか。清は庶民への愛情と、維新後間もない世情との間で苦悶したに違いない。清だけでなく、政府の危惧もあったはずだ。正鵠を射ていないだろうか。

西洋医学教育とコレラ対策

福岡で初めて西洋医学が教授されたのは、藩校「賛生館」においてであった。しかし、それ以前に福岡に西洋医学が育っていないわけではなかった。文政十年（一八二七）竹谷元立、百武万里、原田種彦ら福岡藩内の蘭方医師がシーボルト門下生となり、鳴滝塾で西洋医学を学んだ。その後、天保十二年（一八四一）には元立、万里らが博多大浜（現福岡市博多区大浜）で、西洋医学に基づく筑前初の人体解剖をおこなっている。慶応三年（一八六七）に設立された賛生館では、元立の子祐之の案により漢方医学、西洋医学の二つの科を設置したが、前者に重きが置かれた。明治七年（一八七四）福岡県令に就任した渡邉清は、福岡での西洋医学の遅れを慨嘆する。加えてコレラが大流行し、渡邉清県令は人脈を駆使して西洋医学を導入、その教育とコレラ対策に力を傾注した。この渡邉の西洋医学教育への尽力は、のちに京都帝国大学福岡医科大学そして現九州大学として結実する。

西洋医学への崇敬と畏友長與専斎

大村藩侍医の天然痘撲滅

わが国の近代化に西洋医学は欠かせない。渡邉清の大村藩では全国でもいち早く、この近代化に接していた。江戸時代に猖獗《しょうけつ》を極め、怖れられていた天然痘（疱瘡）に対する予防法、すなわち牛痘を

古田山痘瘡所（大村市提供）

用いた種痘である。その種痘に取り組み施療にあった人の名を長與《ながよ》俊達《しゅんたつ》という。

　長與家は代々医者の家系である。俊達は大村藩の侍医となったのち、天保元年に天然痘の治療と研究をおこなう藩初の「痘家《とうか》」に命じられるや、現在の大村市山間部に古田山疱瘡所を開設し、天然痘の治療研究にあたった。当時の大村藩では、天然痘が発生すると患者及び持ち物を含めて「山揚げ」と称し、山深くに隔離してしまう風習があった。

　寛政二年（一七九〇）、秋月藩医緒方春朔が鼻旱苗法による種痘に成功していたが、俊達は当時の予防法を改良し、患者のかさぶたを粉末にして水に溶き腕に接種する腕種法を開発した。しかし、この方法でも、人の天然痘ウイルスを直接人の体に入れるため、本物の天然痘を発症する者があとを絶たなかった。

　イギリスの医師エドワード・ジェンナーが、牛痘の苗を八歳の少年の腕に傷をつけて接種する、いわゆる種痘に成功したのは寛政八年（一七九六）のこと。しかし、当時日本は鎖国中で、この種痘法はわが国に伝わらなかった。

嘉永二年（一八四九）にオランダ商館医オットー・モーニッケは、牛痘のかさぶたを日本にもたらした。長崎在住の佐賀藩医楢林宗健《そうけん》が、このかさぶたを入手して牛痘苗による種痘に初めて成功する。この年俊達も、同様にして孫娘に牛痘種の種痘を受けさせ成功している。牛痘を接種すると六、七日で発痘するが、この種痘を持続させるために、子供から子供へ受け継ぐ、いわゆる「植え継ぎ」の方法確立に苦労を重ねた。

五教館御成門

　古田山の治療所は種痘所となり、領内の天然痘の恐怖を払拭したばかりでなく、俊達らの功績もあって種痘はまたたく間に日本全国に広がっていった。俊達が種痘に成功したとき渡邉清は少壮の十五歳。この年以来、西洋医学がもたらす恩恵は片時も清の脳裏から離れなかった。

「衛生行政の祖」長與専斎

　この種痘に成功した俊達の孫が長與専斎《せんさい》である。渡邉清は三歳年長だが、専斎の生い立ちとその後の活躍をみれば、清が彼に対して畏敬の念を抱き畏友とするのは当然の成り行きである。

長與専斎（大村市歴史資料館所蔵）

専斎は天保九年大村城下に生まれた。藩校五教館に清の弟昇、楠本正隆の同輩として学んだのち、大坂に赴き緒方洪庵《こうあん》の「適塾」に入学して福沢諭吉に代わって塾頭となっている。万延元年（一八六〇）には長崎「医学伝習所」で西洋医学をポンペに学び、のち再度長崎に遊学してボードウィンに教導された。このため戊辰戦争には関係していない。

専斎は明治元年、精得館《せいとくかん》（のちの長崎医学校）学頭となり、同四年七月に政府から上京を命ぜられ文部少丞兼中教授となった。こうして専斎も中央に進出して活躍することとなる。これには渡邉清の推挙があったことは想像に難くない。

上京した四カ月後の同年十一月には岩倉使節団に随行し、米欧の医学教育、医学制度を視察した。自伝『松香私志』には、ある日友人宅で政府使節団の欧米派遣の情報を聞くや、直ちに井上馨、伊藤博文、木戸孝允らを訪ねて随行の周旋を依頼し承諾を得たとあるが、ここにも渡邉清の陰に陽にわたる働きかけがあったに相違ないと思うのは著者だけであろうか。

帰国後に専斎は、文部省医務局長に就任、明治七年医制七十六条を草案する。東京医学校（現在の東京大学医学部）の校長を兼務したのち、明治八年内務省衛生局初代局長に就任し（明治二十四年まで）、日本の衛生行政の基礎を築いた。その後は元老院議官、貴族院議員、中央衛生会長などを歴任している。明治三十五年没、享年六十五であった。

専斎の人生を変えたのは、米欧の先進的な健康保護の在り方で、英語のヘルスやドイツ語のゲズントハイツプレーゲの真の意味に気付いたのは三十八歳のときである。これを「衛生」と訳して、個人の健康だけでなく、伝染病の予防、貧困者層の救済、土地の清潔、上下水の流用の禁止、市街家屋の建築方式の管理、薬品染料や飲食物の使い捨ての取り締りに至るまで、多くの事業を手掛け、着々と業績を挙げていった。専斎が「衛生行政の祖」と称される所以である。

すなわち、「健康保護は露骨にして面白からず、別に適当なる語はあらぬかと思いめぐらしに、『荘子』の庚桑楚《こうそうそ》編に衛生といえる言あるを憶いつき」、この「衛生」の言葉を使い始めたのである。

西洋医学の導入

藩校「賛生館」から県立福岡医院まで

蘭癖《らんぺき》大名と称された福岡藩最後の藩主黒田長溥は、文久元年（一八六一）から翌年にかけて長崎の医学校「養生所」（のち精得館）を参考に福岡にも西洋医学を興そうと企図したが、漢方医たちの反対にあって挫折した。しかし、長溥はこれに屈せず、慶応二年（一八六六）福岡土手町（現在の福岡市中央区役所の南）に医学校を起工、翌三年の春に落成し賛生館《さんせいかん》を設立。同館は漢洋両方の医学を併用し、士民を問わず教授した。

賛生館は、設立の翌年に明治維新を迎え、さらに明治四年の廃藩置県を経て、藩政から県政の転換後も継続していたが、同年八月三日に公布された「学制」と同時に廃校となった。これは、府県立学校には不完全なものが多く、一旦廃止し「学制」の主意にしたがって諸学校を設立せよという文部省布達第十三号によるものである。

賛生館廃館後の福岡においては医学校復活が強く望まれた。明治七年十二月三日、着任してすぐの渡邉清県令は修猷館《しゅうゆうかん》内（旧藩校）に診察所を設け、病院及び医学校を起こさんと布令して協力を求めた。その県達は左記の通りである。

この度、修猷館内に診察所を設けた。いつか同所を修繕のうえ病院と医学所を開き講義をおこなう予定である。元来、医学とは人命に関する一大事業であり、一日も欠かさずなすべきものであるため、区戸長においてはその意を体認し関係者へも説諭すべきである。ことに医生たる者は、老幼を問わず同所へ参集し学術研究をおこない、管内医道の拠る所と心得、隔てなく協力いたすべく、医員中へ篤く懇説にあたってもらいたいこの診察所は暫定的なものであったが、県令着任三カ月後のことで、渡邉清の西洋医学への崇敬を初めて具現化したものであった。

翌八年には名称を「福岡医院」とし、長崎病院から西川黙蔵を院長に迎え、渡邉県令はこの西川に官立の西洋医学の病院建設を命じた。明治九年十二月から、博多の中島町岡新地（現福岡市博多区中洲）に新病院建設が始まる。建設地の中島町は当時、博多と福岡を結ぶ繁華な通りで、交通至便なこのような場所に病院を新築した英断に驚かされるとは、『九州大学医学部百年史』の弁である。

西南戦争の最中の明治十年六月二十五日、「県立福岡医院」が開院した。この開院式における渡邉県令の祝辞は、つぎのように「筑紫新聞」（七月一日付）で報じられている。県令の心意気を知るため原文読み下しにて示す。

余ノ本県ニ来ルヤ父老皆云フ。欧州ノ医術盛ニ都府ニ行ハレ都人皆其福ヲ得ルト雖トモ、其学術未タ我県ニ伝ハラス。人ノ非命ニ死スル者多キナリ。且ツ之ヲ伝ント欲スルモ亦其先導ヲナス者ナシ。請フ之ヲ裁セヨ。余聞テ惜ク能ハス。以為《おもえら》ク、国手ヲ都下ヨリ招キ医院ヲ建設シテ、以テ大ニ其学術ヲ伝へ施サシムルニ如クコトナシト。（中略）乃更ニ之ヲ県会ニ議シ医院学舎ヲ博多中島ニ建設セントス。議成ル。明治九年十二月始テ土ヲ画シ工ヲ鳩《あつ》ム。人民資ヲ捐《すて》テ吝《おし》マス、力ヲ出シテ倦《う》マス、父老沙ヲ運シ子弟石ヲ搬シ、歓呼喧噪明治十年六月工悉竣ル。（中略）二十五日昧《まい》（明け方―引用者注）早爰《ここ》ニ開院ノ典ヲ行フ。郡官父老皆来リ、賛ク嗚呼盛ナル哉。是レ全ク人民ノ国ニ忠ニ父老ノ国ヲ愛スルノ致ス所ナリ。亦喜バシカラスヤ。今ヨリシテ後医院ノ益盛旺シテ、欧州ノ医術大ニ県下ニ開ケ、人民ノ幸福亦郡下ニ譲ラサルヲ信スヘキナリ。因テ之ヲ祝ス。

明治十年六月二十五日　　　従五位福岡県令　渡邉清

この中で県令は、西洋医学が東京にておこなわれ福をもたらしているものの、わが福岡県には至らず死者が多く、かつこの西洋医学を伝え先導する者のないことを訴えている。また、医院建設にあたって「人民資を捐て吝まず、力を出して倦まず、父老沙を運し子弟石を搬し」と、市民上げての協力があったことを讃えている。その背景として、医院敷地の地価が市内でもっとも高かったにも関わらず、地元博多商人が格安で土地を提供した事実があった。

医院新築と同時に、東京医学校を明治九年に卒業した大河内和《かず》を招いて院長とし、西川は副院長となった。大河内の着任で福岡に初めてドイツ医学がもたらされた。これを機に、従来の治療主・教育従を改め、医学教育を主として患者の治療を従とする方針に切り替えたようである。

県立福岡医学校の設立

しかし、福岡医院は毎年七十名前後の生徒を教育したものの、診療活動に追われて十分な教育まで手が回らなかったため、教師陣を強化した純然たる医学校に立て直す要望が高まった。ときに明治九年、既述のように福岡県は小倉県、三潴県を合併して大県となり、十一年十月に最初の県会議員選挙、

県立福岡医学校（九州大学大学文書館提供）

翌十二年三、四月に第一回県会が挙行された。

この第一回県会において渡邉県令は、県立医学校の設立案を提議した。その内容は①職員を補充して医学教育を主とし、県立病院（これまでの福岡医院をいう）を医学校の附属病院とする、②教師陣を充実させるため医学士二名を招聘する、③講堂・生徒寮を増築して、学校としての体制を整える、④新たに薬学・産婆教育をおこなう、などであった。このため医学校校費の予算一万七三一六円七十二銭を提出し、四月十五日予算は一万九円七十二銭に削られたものの議決された。

同年七月、「県立福岡医学校」が完成した。県会における予算議決から三カ月という短期間での医学校設立は、建物、診療用機器などハード面は既設の福岡医院のそれらを生かしつつ、教師陣、授業内容などソフト面の充実により医学教育に力点を傾けようとする、渡邉県令らの姿勢を物語ることにほかなら

大森治豊（九州大学大学文書館提供）

ない。

この医学校設立には、一般的な医師養成と病院診療のほかに、当時としてはもっとも怖ろしいコレラなど伝染病に対する医学教育と治療への、福岡県民の期待もあったのではないだろうか。事実、コレラは文政五年わが国に上陸しており、それから数十年が経過したといえども、その流行は明治期の怖るべき伝染病であった。

福岡県での大流行は明治十二年夏から始まっている。県内コレラ患者は初発からの患者数二九三〇人余、死亡一三六〇人余で、当時の本県人口が約百万人程度であったことから、いかに患者が多かったかがわかる。

また、渡邉県令が謳った設立案の一つ産婆教育について考えてみたい。今日では産婆はほとんど忘れ去られた存在になっているが、当時は今日の保健師以上に地域の衛生維持においてその活躍が期待され、産婆の養成は急務であった。事実、主な授業科目の中にも産科と婦人科が挙げられている。

教師陣として、明治十二年十一月に東京大学医学部（註：明治十年四月、総合大学として東京大学創立）を卒業したばかりの熊谷玄旦《げんたん》が、十二月には大森治豊が医学校教師に任命され赴任してきた。この年の東京大学医学部の卒業生はわずか十八名である。その中から二名の医学士を招聘することができたことは大成功であった。この背景として、東京医学校校長を兼務し当時衛生局長であった長與専斎の存在があったことを考えれば、得心しうる招聘である。

福岡医院の院長大河内和は医学校に留任したが、副院長西川黙蔵はのちに愛知医学校に転出した。大河内、大森、熊谷の三名は、全国でも有数の充実した陣容であった。

明治十三年一月十日、福岡医学校開校式が渡邉県令ら隣席のもと開催され、大森が開校演説を述べた。大森は吃音《きつおん》、訥弁《とつべん》であったため、この演説も舌足らずであったとみえ、酒宴に移って渡邉県令が大森の演説を弁護、補足している。県令が開校式に自ら出席し、激励演説をしたり、大森の演説をバックアップしたりしているところを見ると、渡邉県令が医学校に寄せた期待が並々ならぬものであったと察せられる。

「九州大学生みの親」渡邉清

明治二十一年三月、福岡医学校は廃止となった。しかし四月には、元医学校のスタッフが残留し大森が院長となって、新しい装いで「県立福岡病院」が開院する。この県立福岡病院の存在が、熊本・長崎両県との医科大学誘致合戦を勝利に導く最大の要因となった。

すなわち、明治三十三年、日本の義務教育就学率は八一・五パーセントに達し、高等教育機関の必要性が盛んに議論されるようになった。そのような状況下で九州と東北に大学が設置されるという観測が報道されるや、福岡・熊本・長崎県の間で熱心な大学誘致運動が起こった。福岡県議会は、多額の寄附をおこなうことや県立福岡病院の敷地、建物、設備の一切を献納することを議決。一方、長崎・熊本でも同様に誘致活動が展開された。とくに第五高等学校、陸軍第六師団を擁する熊本は九州の地理的中心として、熱心な活動をおこなっていた。

当時の県立福岡病院の患者数を競争相手の一つである熊本病院のそれと比較すれば、左記の通りである。

福岡病院：(二十三年一月) 入院五十一人　外来四千二四四人
(二十四年七月) 入院一一〇人余　外来一万人を超ゆ
熊本病院：(三十二年一月) 入院七十九人　外来四二三人

両者には十年の開きがあっても、なお福岡病院がまさっていた。

また、誘致にあたって地元の教育界、経済界の熱心な支援があったことも忘れてはなるまい。福岡県立修猷館長兼一等教諭であった隈本有尚《ありたか》は、位置、交通、気候、風俗など様々な側面から、福岡がいかに大学建設に適した土地か詳細に分析した報告書を提出。福岡商工会会頭の渡辺與八郎《よはちろう》は大学設置期成会を結成し、私費を投じて誘致運動の先頭に立った。八年後の工科大学設置の際にも、風紀上問題となっていた石堂川左岸の柳町遊郭を、私有地四万七千坪を提供して新柳町へ移転させている。

かくして明治三十六年四月、京都帝国大学福岡医科大学が開設された。初代学長は大森治豊である。九州大学は平成二十三年（二〇一一）五月、創立百周年を迎えた。その百年前の明治四十四年一月に九州大学は、この福岡医科大学と福岡箱崎町（現福岡市東区箱崎）に新設された工科大学とが統合して、九州帝国大学が創立されたことに始まる。したがって、京都帝国大学福岡医科大学が九州大学の直接の前身であるが、その母体となったのは県立福岡病院である。

このように渡邉清の西洋医学導入をみてくると、『九州大学百年史』にいう「九州大学の淵源ともいうべき県立福岡医学校」を設立した県令渡邉清こそ、「九州大学生みの親」と称することができる。改めてそこに長與専斎の果たした役割は大きい。清と専斎との絆は強く、後年、清の生まれて間もない初孫の健康診断を衛生局長でありながら専斎がおこなったほどである。現在なら公私混同と誹りを免れないかもしれないが、それを凌駕してあまりある絆の強さであった。

清は専斎の西洋医学とくに「衛生」の概念をよく理解し、福岡県令としての衛生行政に生かした。その大きな一つが当時猛威を振るっていたコレラとの闘いであった。

コレラと闘う

全国での大流行

江戸時代までのウイルスや細菌による流行病は疫病と称されていたが、西洋医学が本格的に移入された明治期以降では伝染病と改称された。明治期の伝染病は人々を恐怖に陥れ、庶民は病魔退散を願って門口に護符を張ったり、神仏に頼って無病息災を祈ったりした。しかし、国としての対策はほとんどなきに等しく、各地で人々と対策にあたる地方行政や警察との衝突が発生した。

明治十三年七月九日「伝染病予防規則」（太政官布告第三十四号）が制定された。総則の第一条に「伝染病トハ虎列拉、腸窒扶私、赤痢、実布到利亜、発疹窒扶私、痘瘡ノ六種ヲ云フ」とある。すべて当字であるため現代風になおすと、コレラ、腸チフス、赤痢、ジフテリア、発疹チフス、天然痘のことである。虎列拉は、虎列剌とも書く。

伝染病が本格的に研究されるに至ったのは明治中期で、二十五年ドイツから帰国した細菌学者北里柴三郎が東京芝公園に創設した大日本私立衛生会付属伝染病研究所を嚆矢とする。

コレラは明治期、もっとも怖れられた伝染病であった。

明治十年九月、中国から横浜、長崎にコレラがもたらされ全国的に流行した。これ以降、十二年、十五年、十八年、十九年、二十三年、二十八年と大流行を繰り返した。

これら大流行各年の感染者数、死者数、致死率は表の通りである。

■明治12年福岡県コレラ患者の状況（8月10日からの1週間）

	合計	男	女
持越患者	559人	310人	249人
新感染者	507人	273人	234人
総数	1066人	583人	483人
内全癒	57人	30人	27人
死亡	292人	181人	111人

初発よりの総患者数	2937人
内全癒	381人
死亡	1366人
治療中	1190人

■明治期コレラ大流行年の感染者・死者数

	感染者数	死者数（致死率）
10年	1万3816人	8027人（58%）
12年	16万2637人	10万5786人（65%）
15年	5万1631人	3万3784人（65%）
18年	1万3824人	9329人（67%）
19年	15万5923人	10万8405人（70%）
23年	4万6019人	3万5227人（77%）
28年	5万5144人	4万 154人（73%）

（年は明治）

感染すれば六割から八割の人が死に至り、コレラ流行こそはまさに「死の伝染病」であった。

西南戦争後では、軍人が陸路、海路で帰郷する際にコレラが流行した。明治十年九月、軍隊を輸送して神戸に入港した船内に多数のコレラ患者が発生した。官軍の将兵は検疫実施にも関わらず先を争って上陸したため、神戸市内に三百余人の患者が発生し、東上する列車から京都にて七八〇人、大津付近で数十人というようにコレラ患者が続発した。

福岡県でのコレラ流行は、渡邉県政下の明治十年に感染者が出始め、十二年夏から大流行が始まっている。同年八月二十日付の「めさまし新聞」には、同月十日から十六日までの感染者数などが示されている。県内コレラ患者は、八月十日より同十六日までの一週間の表の通りである。

一週間で五百人超も感染し、致死率は四七パーセントだから、感染者の二人に一人はこのコレラで死亡したことになる。

さらに、十二年十月十八日付「筑紫新報」にはつぎのような広告記事が見あたる。コレラの予防薬宣伝である。

官許虎列刺予防薬　一器の代金七銭

虎列刺予防薬の明細は功能書に記する通りだが、もともと先祖伝授の秘法にしてすこぶる奇功を奏するもので、今般公然の免許を得て販売するものである。素より予防の製薬であるため、平素より服用すれば決して感染することはない。発症後にあってもその病を治するのみならず、このほか牛馬がコレラに罹《かか》ってもよく療癒するものである（後略）

果して、そのような効能のある売薬があっただろうか、甚だ疑わしい。その後のコレラ大流行の繰り返しをみれば、明々白々である。このような売薬が「官許」の名のもとにまかり通るほど、コレラ禍は拡がっていたのである。

明治十年より十二年に至る三カ年間の福岡県におけるコレラ流行の惨害が天聴に達するや、十三年三月十八日付宮内省より福岡県に対し、衛生費として金千円のご下賜があった。

政府と渡邉県令のコレラ対策

明治十二年の全国コレラ大流行を受けて、政府は同年八月太政官布告第二十三号をもって「虎列刺病予防仮規則」を発布した。これにより各府県はその予防撲滅に努めたが、福岡県は既にこれに先立ち、最初の流行年の明治十年十月三日付布令をもってつぎのように各区区戸長へ通達した。

各区々戸長

虎列刺病の流行については、家屋道路を清潔にするとともに第一に食物に注意すべきで、魚市場ならびに料理店、蒲鉾店などにおいては不用になった魚腸その他汚穢物は毎日、人家から隔離された場所に運搬、埋棄すべきこと。その他柿・蜜柑・石榴《ざくろ》など不熟果物類は売買を堅く禁じる。もし心得違いの者ある場合には、警察官吏より相当処分する。この旨至急、当該営業の者へ達すべきこと

明治十年十月三日　福岡県令　渡邉清

○

この度の虎列刺病流行については、乙第七十九号の予防法第十四条により当分の間、登礼・説教そのほか相撲・芝居など、多人数の群集を一切差し止める。この旨布達する

明治十年十月三日　福岡県令　渡邉清

○

虎列刺病伝染の徴候あるについては、第一に石炭酸（フェノール水溶液―引用者注）は必要の薬品であるため、この機に臨んで自分の利欲を謀って代価を騰貴し販売する者があってはならない。薬店営業の者へ至急諭し達すること（後略）

福岡県令　渡邉清

このように、渡邉県令はコレラ予防のため、家屋・道路・食物の清潔保持や汚穢物の隔離埋棄と違反者の処分、多人数群集の一切禁止、薬品の代価騰貴販売の禁止などを、各区区戸長を通して全県民へ通達したのだ。

そのうえで検疫もおこなっている。明治十二年五月福岡県令渡邉清の名をもっての「虎列拉病検疫心得之儀」である。「大分県下においていま虎列拉病蔓延のようと数回通報があり、予防心得のため達しおく。既に当県下の八屋・小倉近傍へ病毒伝染があり、いまその病に罹る者があることから、左記箇所へ巡査を派遣し別紙規則に照らして検疫すること」と布達した。

さらに伝染病院についてである。法制上伝染病患者を隔離するに至ったのは、明治十三年七月太政官布告第三十四号「伝染病予防規則」及び同年九月内務省乙第三十六号「伝染病予防心得」に始まった。

しかし、福岡県における伝染病院の設置は、全県民への通達から間もない明治十年十月二十日付で福岡県令渡邉清より大久保利通内務卿及び大隈重信大蔵卿宛てに提出した「避病院諸費御下金之儀ニ付伺」書に端を発する（当時、伝染病院は避病院と称した）。その金額は一万三千円であったが、同年十一月二十一日付にて大久保内務卿より「コレラ予防費目途として八千円の臨時費を大蔵省へ申し出ること、残金は総費概算仕訳書を添えて請求すべし」の回答があった。

さらに、明治十二年七月十七日付福岡県令渡邉清より内務卿に対し、「虎列拉病流行益々蔓延ニ付各所ニ避病院ヲ設立専ラ予防消毒ヲ実施致度金五千円臨時費トシテ御下渡相成度」と申請したのである。

今日からみれば意外と考えられるかも知れないが、明治期を迎えて、市民生活を支えるあらゆる分野に警察は直接間接に関与した。消防、災害などの面だけでなく衛生の面においても、第一線の警察官は危険を顧みず職務行為として、これらの取り締りや予防警戒に携わった。衛生警察である。

たとえば、明治十三年七月制定の「伝染病予防規則」により、十四年七月二十六日、甲第七十号布達「伝染病取扱手続及予防心得」として警察官の取り締り心得を決めている。第五条にいうが、現代文として記す。

伝染病者がある時は、警察官吏または衛生委員など最初その家に出張した者は、直ちに病名を大書した札を門戸に貼付し、用ある者のほか他人の交通を絶つべし。もっとも警察官吏、郡区衛生委員は常にその監督をせねばならない（後略）

この条文にあるように、警察官は伝染病が発生すると、真っ先に患者宅に駆けつけ、住民の説諭、消毒など防疫、交通の遮断、患者の隔離・避病院への輸送など、身の危険を顧みず職務に従事した。

政府のコレラ予防策は消毒と隔離しかなかった。消毒液散布は「コレラの種蒔き」と嫌われ、隔離のための避病院は「西洋人に売る生肝を抜くところ」と不信を招いて、患者の隠匿などをもたらした。コレラ予防反対の民衆の抵抗運動は暴動化し、「コレラ一揆」にまで発展する。コレラ一揆は明治十二年の二十四件をピークとして全国的に発生し、警察官への暴行も多発した。

コレラ一揆は福岡県下では起こっていない。これも渡邉県令の民心に寄り添った対策、衛生行政のお陰である。渡邉県政後のことだが、明治二十三年八月、遠賀郡芦屋《あしや》方面のコレラ防疫を巡察、患者発生宅や隔離病舎の患者を親しく視察し防疫従事者を督励した松井茂久警部の行動は、渡邉県令に始まる福岡県警の伝統の証といえよう。

しかし、衛生警察の業務は危険を伴う。松井警部もたちまち病魔に襲われ病勢急変で倒れ殉職、享年二十九であった。この松井警部のように、第一線警察官で伝染病の予防、消毒作業などに従事中、感染して殉職した者は多数に上った。明治期における殉職は、松井警部ほか九名がコレラ、天然痘防疫中の感染一、腸チフス一である。

県全体ではないが、福岡市におけるコレラ患者数の推移はつぎの通りである。カッコ内は死者数で、患者数が二桁以上の年のみ示す。明治十二年八十五人（不明）、十五年二十三人（十七人）、十八年二十九人（十八人）、十九年七十三人（五十二人）となり、二十三年二五八人（二〇三人）の爆発的流行であった。

患者数は明治中期に多くなっているものの、明治十二年は別として渡邉県政下とその後暫くでは小規模流行に留まっており、これも渡邉県令の先見性に富むコレラ対策の賜物である。

なお、下水道整備に繋がりひいてはコレラ対策にもなることとして、明治十三年渡邉県令は、「県達甲第四十三号清潔法」を県下の郡区町村へ布達した。「市街地と人家密集地は清掃夫を常置すること」「公共の溝渠は常時点検し、流水の疎通をはかること」「公共の溝渠は年二回、大規模の浚渫をすること」などを骨子とする。

この清潔法により福岡区（福岡市）も、翌十四年度から福岡部と博多部へ掃除夫を配置し、公共区域の清掃と公共溝渠の汚泥浚渫に従事させた。また、同法は各家庭についても、各自の水路浚渫や掃除を義務付けして、衛生の普及を図った。

雄県「福岡県」の礎を築いた渡邉清

明治十四年七月、渡邉清は福岡県令を辞し上京する。

彼の任期である明治初頭から前期の福岡県を考えてみよう。清が就任した明治七年までの福岡は、維新後まもなく新制度（学制、徴兵制、地租改正、秩禄処分）が重くのしかかり急激な近代化の波が押し寄せる中、三年に福岡藩贋札事件が摘発され、六年には筑前竹ヤリ騒動が起こった。しかも、秋月党や福岡党の気持ちも燻り続けていた。庶民、士族ともに不平不満が募り、民心は荒れていた。そのような時期に清は初代県令有栖川宮親王の実質的な後継として福岡に赴任してきたのだ。

渡邉清は人心収攬の人である。奥羽地方、茨城県での豊富な経験から、このままでは福岡は埋没してしまう、民心を安定させねばと。その一つが県庁を石垣の城中から町中へおろしたこと、一つが県会議員選挙の挙行と県議会の開催、さらに西洋医学の導入などの施策であった。一方で不平士族の監視、警戒を怠らなかった。これらは秋月の乱の鎮圧、それ以上に福岡の変の鎮圧として結実する。とくに後者の鎮圧がなければ、少なくとも西郷の九州制圧が実現し九州は西郷王国となっていたかも知れない。

明治初頭、九州では福岡県は長崎・熊本両県より県勢が低い県であった。それは警察業務の拡充や裁判所の設置といった面にも表れている。ところがこの傾向は明治九年までに変化し、福岡県においても充実する。この例にみられるように官公署の設置も福岡県で陸続となされていった。

この県勢アップは人口増加として表れる。三県の人口変化を、西南戦争直前の明治十年一月から渡邉が福岡県令を辞する年の同十四年一月でみる。長崎県の一一六万七三六七人から一一九万六〇六五人へ二・四六パーセント増、熊本県の九十八万六四二人から九十九万五六七三人へ一・五二パーセント増に対して、福岡県は一〇六万四〇五〇人から一一〇万九四七五人へ四・二七パーセント増であった。福岡県は増加率でほか二県を凌駕し、人口数においても熊本県以上で当時勢いのあった長崎県に迫ろうとしている。

このように福岡県は、渡邉県政下にあって大福岡県としての礎が築き上げられた。今日の雄県「福岡県」は渡邉清なくしてはあり得なかった、とは過言であろうか。

ここに、渡邉清が大隈重信に宛てた私信がある（『大隈重信関係文書』 一）。清が福岡を去る五カ月前の明治十四年二月五日付で、要約して現代文で示す。

農商務省の設置が内定した由。私は佐賀の乱後、故大久保参議と相談の上本県へ赴任してのち、福岡の変を鎮め、その後民権起こって政府にご心配をおかけしましたが、近来はまったく退屈して

いま す。本県の後事は何人かに託すとして、農商務省へ奉職なりませんでしょうか。このまま一生を終えるのは愚かなことと存じています。御愛顧に甘え内情を吐露申し上げます。

（傍線は著者による）

何と生々しい私信であろう。大久保、木戸なきあと、清にとって本心を打ち明け相談できる人は、大隈を除いて政府にはいなくなっていた。文中「近来はまったく退屈」から、大福岡県を築き上げた清の気概が読み取れるとともに、彼のいまだ衰えを知らない挑戦心が汲み取れる。しかし、あくまでも私信である。大隈以外に県庁内へも漏れてはならない。「ご一覧後は投火くだされたい」と追伸している。

清が去ったあとの福岡県では、明治十五年五月の県議会において鉄道建設が建議され、その鉄道は七年後の十二月、博多―千歳川間が開通した。十八年四月には清が招聘した大森治豊らがわが国最初の帝王切開手術に成功している。二十年には第五回九州沖縄八県連合共進会が東中洲で開催されて開発が進み、中洲が福岡一の繁華街に発展する契機となった。翌年には、中洲と福岡をつなぐ西中島橋にあった枡形門の撤去が決まり、福岡地区と博多地区、町人と武士を隔てる壁が取り除かれ、文字通り福岡市は一つとなった。「人心収攬の人」渡邉清の思いが結実した出来事だった。

二十三年になって県下にコレラが再び猛威を振るったものの、三十四年には日本一の産炭量を誇る筑豊炭田を背景に、官営八幡製鐵所が開業。いち早く炭鉱経営者たちと関係を築いた清の先見性が、のちの製鉄所誘致につながったといえるだろう。また、官営八幡製鐵所の存在は、のちに九州帝国大学工科大学（四十四年に先の福岡医科大学と統合して九州帝国大学となる）の設置の大きな要因となった。日本の近代化の一翼を担う雄県として、いよいよ福岡県は走り出した。

中央に立つ

明治十四年（一八八一）七月、渡邉清は福岡県令から元老院議官となって福岡の地を離れた。大隈重信へ懇願した新設の農商務省への奉職は叶わなかった。同省は同年四月七日に設置され、その長官には、佐賀の乱で江藤を裁き元老院議官、同副議長、文部卿を歴任した河野敏鎌が卿として就いた。農商務省は政府の殖産興業政策の一翼を担う機関として開設されたもの。地方長官であった清も、つぎにはこの中央政府の機関を活躍の場としたかったはずだ。

上京後の清は、明治二十年五月に男爵となり、明治維新の功労者としてついに華族に列せられた。その二年後に帝国憲法が発布され、翌二十三年第一回帝国議会が開催された。議会では、清もまた貴族院の華族議員として名を連ねている。

元老院議官

元老院議官、貴族院議員として

明治十四年七月二十日付け辞令により（「公文録」明治十四年、第二八五巻）、渡邉清は元老院議官となった。

ここで元老院、貴族院を説明しておく。明治新政府は明治八年三月まで、立法機関としての太政官左院、司法機関の同右院及び行政機関である正院より構成されていたが、同年四月十四日のいわゆる「立憲政体の詔書」に基づいて同月二十五日、それまでの太政官左院に代わって設立された立法機関が「元老院」である。同時に右院に代わって「大審院」が置かれ、正院は残置された。この体制は明治二十三年十月三十日の帝国議会の開設まで続いた。元老院の初代議長は有栖川宮熾仁親王である。

元老院議官であった渡邉清は、一時期「高等法院」陪席裁判官も務めた。明治十三年七月十七日治罪法が制定され、同十五年一月から施行された。このとき、上告・再審・裁判管轄を定める訴え、公安あるいは嫌疑のために裁判管轄を移す訴えは大審院が取り扱うと定められ、大審院とは別に「高等法院」が設置された。

高等法院は、皇室に対する罪の重罪、国事に対する罪の重罪、皇族の犯した重罪及び禁錮にあたるべき軽罪、勅任官の犯した重罪を扱う特別裁判所で、司法卿の奏請により上裁をもって開かれた。その構成は裁判長一名、陪席裁判官六名で、元老院議官、大審院判事中より毎年あらかじめ上裁をもって任命された。

「貴族院」は、帝国憲法下における帝国議会の上院であり（下院は衆議院）、明治二十三年十一月二十九日から昭和二十二年（一九四七）五月二日まで存在した。非公選の皇族議員、華族議員、勅任議員によって構成され、解散はなく議員の多くが終身任期であった。当然、清は逝去時まで華族議員を務めた。

清が貴族院議員に就任したときの議席が運命的であった。

外山幹夫『もう一つの維新史』によると、清の議席は議長席の左方一四二番目であったが、大村純熙の嗣子の伯爵大村純雄《すみお》は同じく左方で、清の一列前の一二一番目、勅任議員で大村出身の医家長與専斎が右方一七六番目に席を占めていた。

巡察使として各県を視察

元老院議官渡邉清は巡察使として、明治十六年、群馬県に始まり埼玉、山梨、長野、滋賀、福井、石川、富山の各県そして新潟県を視察している。

その内容はたとえば新潟県をみれば、同県の民情、士族、県会及地方税、町村会及協議費、備荒備蓄、戸長、警察、教育、衛生、土木、河川、山林、農業及会社、工業及会社、商業及会社、物産及物価、銀行、金融、政談演説、政党及政社、新聞紙、本県特殊ノ条項、法律規則実施ノ状況並びに、鉱山佐渡分局、新潟税関、新潟始審裁判所と、非常に多岐に及ぶ。清はこれら諸事項を明治十六年六月一日〜二十三日の期間で視察しているのだ(『新潟県巡察報告書』明治十六年十一月)。

新潟県の視察事項の中で、著者は報告書の「衛生」と「河川」に注目したい。まず衛生についてである。

「本県下にあっては、衛生の道をほとんどおこなうことができていないようである。たとえば越後の地において井戸を掘っても概ね清泉を得ないため、河水を飲用に使用している。ある村落に至っては田間小溝の水を用いており、これらの水は素より悪水の混じったもので、一朝伝染病が発生すればその蔓延は速く、防ぐことはできないという（後略）」
福岡県令としてコレラと闘った渡邉清の衛生巡察である。

この時代、コレラの伝播に井戸水が関係しているかどうかについては必ずしも見解は一致していなかったが、清としては看過できなかったに違いない。河水や田間小溝水の飲用流用はもってのほかであった。当時、コレラ患者の排泄物を河川に投棄し病毒感染の恐れがあるにも関わらず、これを飲料水として使用し危険が少なくなかった。

ついで「河川」についてである。新潟県では河川が多く水害が甚大なことを述べたあとに、報告書には左記とある。

「なかんずく信濃川は、その源を信濃に発し越後を中断して海に注ぐ。土砂が常に流下して深浅はその所を定めず、舟路も朝夕に変わる。融雪霖雨の候に至ると、毎年多少の害を免がれず、その破堤氾濫の大きいことは数百万円の損害を生じさせる。（中略）新潟築港に関して官金数十万円を支出して河《か》身《しん》改修に着手しているのもそのためである（後略）」

すなわち、巡察使渡邉議官は、信濃川が土砂を多く海（日本海）に運んで航路が定まらず、また融雪霖雨の候には破堤氾濫の損害が大きいために、新潟築港も政府が大金を投じて河身改修に着手しているのだと強調している。

この箇所の報告は渡邉清にとっては、福岡県令時代に、博多湾への流入河川（那珂川）を改修して流出土砂を減らし、博多築港を実現しようとして挫折した経験と想いを重ねて、感慨深いものがあったろうと推察される。

福島県知事

福島県知事への就任と選挙干渉

その後、渡邉清は明治二十四年六月から翌二十五年八月まで一年二カ月の間、福島県知事となった。福島県は、戊辰戦争のとき官軍と戦った旧幕府軍のいわば本拠であったが、清赴任時には西南戦争から十余年も経過し、力による抵抗よりも言論による民権運動が盛んに展開された時期であった。『福島県史』によると、明治十数年当時はまだはっきりした政党色はなかったが、十五年の三島通庸《みちつね》県政時代から、吏党（政府与党のこと）、民党（野党のこと）と称する二大分野が生まれ、とくに民党である自由党の存在が大きかった。

明治二十三年七月一日には第一回の衆議院議員総選挙がおこなわれ、各政党は激しい選挙戦を展開した。先に解党した自由党はこの年再興して立憲自由党と称し、本県では河野広中《ひろなか》（のち衆院議長）を中心に一大勢力になった。この政党色が確立してきた時期に、渡邉清は民権運動の抑圧を期待されて、福島県知事に赴任したということができる。

明治二十四年十二月に松方正義内閣が議会を解散し（わが国初の衆議院解散）、これによる第二回衆議院議員総選挙が、翌二十五年二月二十五日に挙行された。ここで、史上悪名高い政府の選挙干渉がおこなわれた。

民党の自由・改進両党の抵抗に手を焼いた政府は、この選挙を機に徹底的な選挙干渉により、民党議員の進出を阻もうとした。とくに猛烈をきわめたのは福島、石川、高知、佐賀の諸県であった。福島県では、河野広中を落選させるのが至上命令で、当時の「予戒令」という法律（本来は無職、放浪の者を取り締まるもの）を利用し、民党の演説会をどしどし中止・解散させる、民党の運動員を尾行・拘禁するなど、大圧迫を加えた。

ときの知事渡邉清以下、警察はいうまでもなく、郡吏、市町村役場吏員に至るまで、行政組織を挙げて堂々と吏党候補の援護と民党候補の弾圧に狂奔した。この選挙干渉は逆に、民党の運動員、支持者を奮い立たせ、結束させて、死に物狂いの熱心な選挙戦をさせるという逆効果を生んだ。前年の松方内閣の解散による第二回総選挙は、当選者として自由党（民党）四名、吏党一名、中立と無所属各一名の結果に終わり、このようなこともあって渡邉清は明治二十五年八月、県令を罷免されてしまった。

「人心収攬の人」渡邉清はいずこへ

明治二十五年二月の第二回総選挙でおこなわれた選挙干渉は、全国いたるところで吏党側の弾圧が横行し、多くの流血惨事を惹起《じやつき》した。全国の死者は二十五名、負傷者は四百名に及んだといわれ、高知県での死者十名と負傷者六十六名を筆頭に、佐賀県でそれぞれ八名と九十二名、安場保和知事の福岡県で三名と六十五名などといった多きであった。

福島県においても一名の死者をだしているが、今日ではとても考えられない選挙干渉であった。渡邉清にとっての福島県は、戊辰戦争を戦い按察使判官として復興に尽力、安積原野開墾を支援したのちの、選挙干渉の地となった。

奥羽復興で身に着いた人心収攬。人心収攬とは人々の心をよく把握して信頼をかち得ることだが、その後の活動をみても常に清にはこの人心収攬があった。しかし、選挙結果をみれば福島県民の心が奈《な》辺《へん》にあったかは明らかで、選挙干渉はその人心を裏切る行為であった。「人心収攬の人」渡邉清はどこへいってしまったのか。

渡邉清にとって選挙干渉に明け暮れた福島県知事時代は、その生涯で唯一異質で暗愚の時代である。それまでの半生を振り返ったとき、忸怩《じくじ》たる一年余であったろうし、とはいっても官吏であれば上意に逆らえず、一日でも早く選挙干渉から脱したかったのではないだろうか。

福島県知事時代の清は五十七歳から五十八歳であった。死去する七十歳までその後のめぼしい活躍はみられない。維新から四半世紀が経過し政治的には混迷はあるものの、世情は動揺期から安定期を迎えて、挑戦心に富む清には合わなくなってしまっていたのだ。

鬼籍に入る七年前、六十三歳にしての「江戸無血開城始末」談話のとき、逆に渡邉清は輝いていた。幕末、三十七士同盟の結成、藩主純煕による勤王一途の英断、新精隊の上洛、西郷、大久保との出会い、この二人及び大村藩士らとともに闘った戊辰戦争、パークスの圧力に始まった江戸城無血開城会談、江戸城受渡の式、その後の奥羽転戦と大村凱旋を思い出しながら。

弟昇と長女筆子、二女文子

渡邉清の弟は、冒頭で触れた渡邉昇である。福岡に関係していえば、幕末清らとともに「乙丑の獄」の調停に奔り、明治三年（一八七〇）福岡藩贋札事件が起こったとき、弾正台大忠として来福し摘発したのが昇である。

清には最初の妻ゲンとの間に一男二女がいた。文久元年（一八六一）四月に生まれた第一子が長女筆子で、「日本障害児教育の母」と称される。同三年十一月出生の長男環は、明治三十五年三月、四十歳で早世したため、渡邉家では滝口家から海軍軍人の汀を養嗣子に迎えている。

本章では、昇と筆子について詳述するが、筆子の妹文子の存在と消息にも触れなくてはならない。

「薩長同盟の立役者」渡邉昇

渡邉昇は、天保九年（一八三八）大村藩士渡邉巖の二男として大村城下岩船に生まれた。幼少時から身体が大きく、腕白であったという。藩校五教館で学び、また剣術修行にも励んで神道無念流を習得した。のち既述のように江戸に遊学し、練兵館道場で桂小五郎ら長州藩士と剣術修行に励んだ。これが幕末の大村藩と長州藩が交わる源流となった。文久三年（一八六三）藩主純熙の側近である二十騎馬副を拝命した。また、兄の清や楠本正隆らとともに勤王三十七士同盟を結成し、のちには薩長同盟締結に奔走、結実させた。

明治維新後には、新政府の長崎裁判所諸郡取調掛、明治二年、弾正台大忠として浦上四番崩れ処置や福岡藩贋札事件などに対応したのち、明治四年盛岡県権知事、大阪府大参事などを歴任。明治十年第四代大阪府知事に就任し、退任後の明治十三年には元老院議官（明治十四年まで）、明治十七年には第三代会計検査院長となって欧米を視察（このとき筆子の最初の夫小鹿島果が同行）、会計検査制度の整備を進めた（明治二十一年まで）。明治二十年子爵を叙爵された。明治三十七年貴族院議員に選出され、明治四十四年まで在任した。大正二年（一九一三）没。享年七十六。青山霊園に葬られる。

昇の第一の功績は、何といっても薩長同盟を結実させたことである。幕末維新時、兄を「戦の清」とすれば、弟は「交渉の昇」といえ、この交渉力と人脈の広さにより、昇は薩長同盟の締結に尽力した。薩長同盟を画策していた龍馬は、長崎で昇と会談し長州藩説得を依頼した。薩長同盟は龍馬が成功させたと一般にいわれているが、昇が登場するのはなぜだろうか。同盟に至るまでの経緯を見てみよう。

龍馬は幕府に代わる政権は薩長両藩だと決断していた。しかし当時、薩藩は幕府に味方しており、長藩は反幕府であった。これでは両藩が同盟するのはとても無理。両藩の説得が肝要となるが、龍馬は長崎の亀山社中などを通して薩摩との交流はあったものの、長州との間はそういかなかった。そこで、長州藩に近しい昇に白羽の矢を立てた。昇は、桂小五郎、高杉晋作《しんさく》との間を何度も往復し、同盟を説得。それだけでなく昇は、鹿児島に西郷も訪っている。慶応二年（一八六六）薩長同盟は締結された。大村藩と昇の果たした役割は大きかった。

第二の功績として、明治十年に大阪府知事に就任して、日本で二番目の幼稚園を設立したことである。しかも保育料を無料とした。日本初である。これが大阪府立模範幼稚園で、現在の大阪教育大学付属幼稚園の前身であり、園児数は四十八人であった。

渡邉昇（大村市歴史資料館所蔵）

当時の学制下では、小学校は受益者負担の原則が貫かれ、貧しい保護者も授業料を負担した。このため保育料無料の幼稚園の創設など、思いもよらないことであった。昇は大阪府議会の反対を押し切って無料幼稚園の開設に踏みきったのである。
剣客として剣道の普及に努めたことも大きく、昇の第三の功績といえよう。
江戸遊学時の練兵館道場は近藤勇《いさみ》が道場主である天然理心流の道

場に近く、ここでも腕を磨いた。これにより二人の間に友情が生まれ、勇とも誼《よしみ》があった。昇が藩命で京都に行ったときには、新選組による昇襲撃の計画があったが、勇は組長でありながら単身、昇の宿を訪ね、事前にこの計画を知らせた。勇訪問のときには、昇は既に京をあとにしていたが。

このように、昇は勤皇・佐幕両派に知己が多かったため、『鞍馬天狗』（大佛次郎原作）のモデルであったとの説も、大村にはある。

練兵館道場の時代、昇は猛練習で名が通っており、当時道場に通っていた門弟の回想を『幕末百話』から拾う。

番町の斎藤弥九郎先生の許へも毎度出かけたが、同門では塾頭が大村藩士、麻布市兵衛町に住む渡邉昇先生だ。大兵肥満、髷は大タブサに結って弥九郎先生の代稽古を引き受けて門弟に教える。朝から晩まで稽古の相手代われど主代わらず、ソレに「寒稽古」というのが寒三十日間、明七つ時（午前四時）には諸藩の門弟道具を担いで、九段坂のピュウピュウいう寒風を物の数ともせず繰込む。昇先生必ず二、三十人を相手だ。今に耳についてる。あの先生の懸声が「オシコト、オシコト」というので（惜しいことというならん）。先生の腕といったら小手が短いから、肘の所は枯木のよう、ソレがヒワレて膿を持っていた。ソレだってなんだって構いやしない。「オシコト、オシコト」でやっているから、無茶無性に撃ち込んでいったものです。随分撲られると痛い方だ。

明治の現職を退いてから、昇は大日本武徳会を立ち上げてその役員となり、全国を行脚して日本の剣道の発展に尽力した。このこともあって彼はわが国初の「剣道範士号」を授与されている。

「日本障害児教育の母」石井筆子

清の長女石井筆子は、日本における障害児教育の草分けとして偉大な功績を残した人である。筆子は文久元年、渡邉清の第一子として大村城下岩船に生まれた。十二歳で上京し、官立女学校ついでその廃止により東京女学校にて学んだのち、明治十三年二十歳のときにはオランダ、フランスに約二年間留学している。

既述したように、清は明治七年九月から七年近く福岡県令として当地に赴任しているが、その間筆子も十年七月（十七歳）から十三年一月の留学前まで、福岡で父母と暮らした。福岡は長崎にも近く、筆子は長崎に行くたびにアメリカ領事マンガムの夫人を訪ねている。第十八代アメリカ大統領グラントと会ったのはこのころである。明治十二年六月二十一日、グラントが世界漫遊の旅の途中、米艦リッチモンドに乗って長崎に上陸した。十九歳になっていた筆子はマンガム邸でグラントに会い、英語で応答し驚かせた。グラントは「はるばる遠い日本にきて、貴方のような若い方と我が国語で語り得る嬉しさよ」といいつつ、自身の写真にサインを書いて「記念の為ぞ」と、筆子に渡している。

明治十七年、二十四歳で大村出身の官吏小鹿島果と結婚、三女の母となったが、長女、三女とも知的障害があり（次女は幼くして死去）、三女誕生の翌年明治二十五年には夫の果が三十五歳で他界した。この間筆子は、濃尾大地震（明治二十四年、マグニチュード八・〇）による孤女児を引き取り、教育と養護をおこなっていた孤女学院（のちの滝乃川学園、日本で最初の知的障害児と障害者の施設）の石井亮一《りょういち》を訪ねて、自身の障害のある子供を預けた。明治二十八年には、孤女学院の特別資金募集の発起人となっている。

筆子は夫の果を失い小鹿島家を去って渡邉姓に戻ってから、孤女学院改め、滝乃川学園に共同事業の申し出をおこなっているが、清からは反対されている。背景には、石井亮一がずっと年下であったことが影響している。

筆子は当時としては珍しく、女性の社会進出に積極的に取り組んだ。ヨーロッパ留学を終えたとき既に、それには教育が必要であると確信していた。明治十八年、津田梅子《うめこ》（のちの津田塾大学創始者。筆子の三歳下）とともに、華族女学校のフランス語教師（梅子は英語教師）となり、ついで女子教育振興組織の「大日本婦人教育会」を設立、さらに同会付属の「女紅学校」を開校し、貧困家庭の女子の自立を図るための職業教育を無料でおこなった。

やがて筆子にとり人生の大きな転機が訪れる。

明治三十一年五月、アメリカから万国婦人倶楽部の副会長が来日し、副総理の大隈重信に同倶楽部の第四回年次大会への日本代表派遣を要請。大隈は伊藤博文総理と相談し、筆子と梅子の代表派遣を決定して、大会への参加とアメリカの女子教育に関する事情調査を嘱託した。

六月、アメリカ・デンバーでの万国婦人倶楽部大会において、梅子が日本における女子教育の歴史と役割などを述べたのち、筆子は大会の盛況からアメリカ婦人たちが社会人道に尽くしているあり様に感動したこと、大会後にはアメリカ各地を視察し真相を学んで日本への土産にしたいと話した。二人の演説は翌日の地元紙に掲載され、大きな感銘を呼んだ。

帰国前に二人は、イギリスでの女子教育事業の視察およびオックスフォード大学への留学を正式に招待される。しかし、筆子は健康を理由に断り、梅子のみがイギリスへ渡った。筆子には旅の疲れもあっただろうが、彼女は三カ月前に三女を亡くしていたのだ。それに日本に、知的障害の長女を残したままだったのである

十二月帰国後、筆子は思わぬバッシングを受ける。イギリス招待があったのに、なぜ行かなかったのだと。彼女のアメリカでの活躍は、梅子帰国後の報告で初めて明らかとなった。しかしとき既に遅し。時代は蒸気船の時代、今とは違って通信手段も非常に遅かったのである。翌明治三十二年八月、帰国した梅子と二人で昭憲皇太后《しょうけん》(明治天皇の皇后)に米英視察報告をおこなった。

筆子はバッシング後、やがて婦人教育の普及は梅子に任せ、自身は長女とともに滝乃川学園へ移り住んだ。すなわち、筆子は明治三十五年ここに住み込み、「無名の人」となって、世間の表舞台から身を引いたのである。

滝乃川学園を創設、主宰していた石井亮一と再婚したのは、筆子四十三歳の明治三十六年のこと。

この再婚には父の清が反対し、亮一の母も「息子は年の離れた女性と結婚するらしい」と反対した。筆子は亮一とは六歳と一カ月違いの年上である。「二つぐらいならばよかろう」という叔父昇の計らいで戸籍も直され、筆子は年齢を偽り、墓石にもそのように刻まれた。

再婚後、筆子の労力のほとんどは学園経費の捻出に費やされた。これを解決するべく大正十年、財界から実業家渋沢栄一が学園理事長に就任し、死去する昭和六年(一九三一)まで経営面での支援が続けられた。その一つは、学園の整理とともに研究所及び病室の新築、農事の資として、寄付募金をおこなったことである。この支援には、渋沢が父の清と大蔵省時代の同職であったことと、渋沢の長女歌子が東京女学校にて筆子とともに学んだことが背景にあることは論を待たない。

昭和十二年七十六歳のとき夫亮一が亡くなってから筆子は第二代学園長に就任し、梅子や貞明《ていめい》皇太后(華族女学校時代の教え子で大正天皇の皇后)、荻野吟子《ぎんこ》(日本初の公許女医)らの協力を得ながら、経営と教育の両方を担っていった。そのような苦境が続く中、筆子は昭和十九年学園施設の一室で永眠した。享年八十四。墓は多摩霊園にある。

エピソードをいくつか示そう。

筆子は二、三歳のころ、医者も見放すほどの重病に罹った。このとき、昇は治癒を神に祈り、「もしこの願いを聞き届けて下さり快癒したならば、裸足でお参りする」と誓い、病気が治ると山上の金毘羅神社に向かって、裸足の筆子の手を引き、自分も裸足で登った。筆子はこの叔父にことのほか可愛がられた。父からももちろんである。筆子は最初の結婚のとき、父たちからピアノを贈られている。このピアノは筆子愛用で、正面に幼子を抱いた天使の絵を焼き付けたガラスがはめ込まれていることから「天使のピアノ」と呼ばれる。滝乃川学園礼拝堂にあり、上皇后美智子さまが皇后だった平成十九年（二〇〇七）に、ついで三十年十二月にも訪問・演奏された。横浜の楽器商デーリング商会が製造・販売した日本最古級のアップライトピアノで、十五年四月には国立市の歴史資料部門で登録文化財に指定されている。

石井筆子胸像（大村小学校にて）

筆子は鹿鳴館《ろくめいかん》でも認められた。幕末以来の不平等条約改正の環境づくりのため、ときの外務卿井上馨は、外国人接待用の鹿鳴館を建て極端な欧化政策をおこなった。ここに、山川捨松《すてまつ》、津田梅子など、留学経験を持つ女性たちの多くが駆り出された。このとき筆子もその一人であったが、彼女を認めた外国人がいた。お雇い外国人医師のドイツ人エルウィン・ベルツである。明治二十二年三月二日の宴会の出来事としてベルツは、「有るものは宴会のみ！（中略）余は、これまでの生涯にて遭遇せし最も豊麗なる女性小鹿島夫人の出現により、特に心惹かれた。彼女は流暢に英・仏・蘭語を話し、日本の袴を洋装の一部分に使用する勇気を持って居たのであった」と絶賛した（『ベルツの日記』）。

美智子さまが皇后であったとき。天皇陛下とともに、平成二年五月に第四十一回全国植樹祭で長崎を訪問された。長崎空港から帰京される日、大村で昼食を終えまさに機中の人になられるとき、美智子さまはお見送りの大村市長の前に来られてご質問された。

「筆子さんの胸像はできましたか」

市長答えて曰く、

「立派にできて、市役所前の大村小学校に建立しています」

元大村市市史編さん室長稲富裕和によると、筆子像建立の候補地として生家や市役所そばの大村公園が考えられたが、筆子が教育に情熱を燃やしていたことから、その遺志を尊重して大村小学校に建立されたという。

二女文子と関家

明治五年六月に誕生した二女文子は、同二十四年八月、筆子の華族女学校の同僚教員の紹介、仲人により関重忠と結婚している。重忠は、当時としては珍しいイギリス帰りのエリート海軍士官であった。

ここで関家について触れておく。

維新期、関家八代目の美章とその長男重麿（重忠の父）は小田原藩にあった。当時二十七歳の青年志士重麿は文久三年から数年間、藩命により京都禁裏警衛にあたり、各藩の間を奔走したが、この間渡邉清とも数回折衝があったらしいことは当時の日記にも記されているという。その後帰藩するや官軍は箱根に迫っていた。このとき関父子は佐幕派を唱え、官軍帰順派と激論を重ねたが、藩公一任により官軍に帰順ということに決した。これを受けて清ら大村藩兵が箱根を何らの抵抗もなく領し得たことは既に述べた通りである。

ここにおいて美章は閉門となる一方、重麿は脱藩して榎本軍に身を投じ北海道に渡った。戊辰戦争終焉後に重麿も帰郷し、その後、足柄郡の郡長に任命されたが、このように互いに敵対関係にあった渡邉清と関重麿の子女同士で縁が結ばれようとは、何という運命か。

重忠と文子の二人は華燭の典を挙げたのち小田原の関家で過ごしたが、そのわずか一カ月にも満たない九月に新郎は、新任地の江田島（広島県江田島市）に海軍士官学校教官として出発した。江田島に赴任した重忠・文子の間には、翌年の二十五年九月六日に男子が誕生した。重広である。

翌二十六年九月七日に親子三人連れで京都の清邸に招かれ、清の案内で弟昇も同道して嵐山での舟遊びを楽しんでいる。しかし、この京都における清・文子親子の交遊は、これが最後となった。この数日後に文子は、当時全国で猖獗《しょうけつ》を極めていた赤痢に感染し、十月十一日に夭折した。享年二十二であった。まだ二歳の幼子であった重広は、京都の清家に引き取られ、後年父重忠が後妻を迎えたあと、実家の小田原に引き取られた。

ついに渡邉清は、明治三十七年十二月三十日不帰の人となった。享年七十。議会との関係もあって、渡邉貴族院議員の逝去公表は正月六日ごろとなり、その後葬儀がおこなわれた。喪主は唯一の孫である重広、当時小学六年生であった。清は弟昇と同じ青山霊園に眠る。

おわりに

渡邉家を巡る各家のその後を記す。

まず松田家である。既述したように、清の先妻ゲンの姉チカには松田宣風が養子婿に入り、松田家を継いだ。兵作（長男、松田家を継ぐ）、春次郎、コマ、タキ、ケイ、ヒデの六子に恵まれる。三女ケイは麻生俊都と結婚し徹男が生まれた。徹男は『母里家のこと』『掃苔行 完』を著し、渡邉家を巡る各家の系統、繋がりを詳《つまび》らかにした。徹男とキクの間には俊、都、以登の三女があり、二女都が天児家へ嫁ぐ。義父は九州大学医学部整形外科の礎を築いた天児《あまこ》民和《たみかず》である。

松田家二男春次郎（ゲンの甥）は、十代母里太兵衛に男子がなかったため母里家に入り婿して二女トミの夫として迎えられた。二人の間にできた子が光。十二代光はツルと結婚し、長女敏子、長男隼人、二女久美子、三女静江、四女三恵子が生まれた。

加藤家については、渡邉清が加藤堅武の未亡人チセと二女を引き取り、のちに再婚したことは既に述べた。『掃苔行 完』によると、清は長女チサに万四郎なる者を養子婿として迎え、加藤の家を継がせた。加藤万四郎との間には一女二男あり、その長女千代を清の弟昇家の跡目、七郎の嫁とする。ところが、万四郎は銀行家で生活も派手、かなりの負債を抱え、両渡邉家に多大の迷惑をかけることとなる。一家の中に何となく空々しい空気が漂う。このためか、堅武の遺児の次女エヌは東京の生活になじめず、福岡に帰り袴着家に嫁した。大正時代、福岡の筥崎宮近くに住んでいたという。

その渡邉昇家だが、昇は生子と結婚し、四男に恵まれた。五郎、六郎、昇家を継いだ七郎、八郎である。六郎は工学博士となり、八郎は秩父宮事務官を務めた。

関家についていう。清が再婚したチセは黒田節で謡われた名鎗日本号を呑み取った母里太兵衛の十代目友諒の子にあたる。この関係で、日本号が昭和五十四年（一九七九）十一月に福岡市美術館の開館と同時に公開展示されたとき、関重広が招待されている（現在、日本号は福岡市博物館に所蔵）。

この重広の妻は筆子の夫石井亮一の姪マリ子で、間に一女美恵子が生まれた。美恵子は奥村家に嫁して宣男と結婚し、二男健治と正弘をもうけた。弟は関家の養子となって重広の跡を継いでいる。こうして渡邉清の血を引くものは、重広と長女美恵子、そしてその男子二人である（昭和五十五年時点）。

その重広すなわち渡邉清の孫に、清の同志であった長岡治三郎の子の長岡半太郎が初見したときのことを紹介して、本書の擱筆とする。重広は東京大学卒業後、東京電機（現在の東芝）の研究所に勤務していた。このとき長岡が指導のため研究所に来ており、ある日偶然、重広が文子の子であることを知って曰く。「いやあそうか。僕たち大村の人は清さんのあとはないものと思っていたが、君がいたのか、それは嬉しいなあ。これからうちにいつでも遊びに来たまえ。清さん昇さんの書などいろいろあるよ」と大変なご機嫌であったとは、重広の回顧談である。

文末となったが、本書の上梓は元大村市市史編さん室長稲富裕和氏ぬきにはありえない。氏は在任中、本書主人公渡邉清をはじめ弟渡邉昇、長女石井筆子ら大村の偉人について、折に触れて語ってくれた。当時を思い出しながら、心から感謝してやまない。

また、渡邉清先妻ゲンの実家松田家の末裔天児都氏、福岡の変を起こした武部小四郎の玄孫武部自一氏、ならびに勝立寺第三十五代住職坂本勝成氏には直接お会いして取材し、内容をさらに充実させることができた。これら三氏には深謝申し上げたい。

さらに、左記の方々と機関には、貴重な史資料、写真の提供など、ひとかたならぬご協力をいただいた。厚く御礼を申し上げる所存である（順不同、敬称略）。

大村市役所、大村市歴史資料館、福岡県立図書館、川添純雄、開陽丸青少年センター、白河観光物産協会、白石市役所、茨城県庁、茨城県立歴史館、盛山隆行、福岡県警察本部、新屋敷和明、福岡県議会図書室、重松敏彦、九州大学医学部歴史館、九州大学大学文書館、国立公文書館、福島県庁、北九州市中央図書館

そして、本書の上梓を強く推していただいた海鳥社代表杉本雅子、原野義行両氏のご厚情なくして

は、本書が世にでることはなかった。とくに原野氏は編集の労を取り、ときとして執筆で挫けそうになる著者を幾度も鼓舞してくれた。末筆ながらここに記して深謝する次第である。

なお、本書には現在の社会通念や今日の人権意識に照らして、不適切な表現や語句が見られる部分があるが、時代背景を考慮し、そのまま掲載していることをご了承いただきたい。

■渡邉清略年譜

和暦	西暦	年齢	出来事	時事
天保六	一八三五	一	大村城下岩船に産る	
文久元	一八六一	二十七	四月、妻ゲンとの間に長女筆子誕生	十月、皇女和宮降嫁
三	一八六三	二十九	三十七士同盟を結成 十一月、長男環誕生	七月、薩英戦争。八月十八日の政変
元治元	一八六四	三十		六月、池田屋事件。七月、禁門の変 八月、下関戦争
慶応元	一八六五	三十一	七月、福岡藩内訌（乙丑の獄）を調停	
三	一八六七	三十三	六月、新精隊隊長として京都へ出兵。大村藩兵は薩摩藩兵として行動	十月、大政奉還。十二月、王政復古
四	一八六八	三十四	正月三日、大村藩兵を率い、薩摩藩から独立して大津に宿陣。同十七日以降、大村軍は官軍先鋒前衛として江戸へ向け進軍 二月十八日、箱根を領す 三月十四日、「パークスの圧力」をうけて、西郷・勝会談に陪席 四月十一日、江戸城受渡の式に臨席 六月以降、奥羽戦争を歴戦	正月一日、徳川慶喜追討令。同三日、鳥羽伏見の戦いに始まり戊辰戦争勃発 五月、上野戦争
明治二	一八六九	三十五	六月二日、論功行賞（四五〇石）	五月、戊辰戦争終結

三	一八七〇	三十六	七月、按察使判官として奥羽復興に尽力（三年十月まで） 福岡藩贋札事件	六月、版籍奉還
四	一八七一	三十七	有栖川宮熾仁親王、初代福岡県令に就任。	七月、廃藩置県
五	一八七二	三十八	六月、二女文子誕生 七月十八日、茨城県令心得に着任（同年八月八日まで）、党派争いを鎮撫。のち大蔵大丞に復帰	八月、学制頒布 十一月九日、太陰太陽暦から太陽暦へ移行
六	一八七三	三十九	六月、筑前竹ヤリ騒動	一月、徴兵令発布。 明治六年の政変（征韓論） 七月、日本坑法の公布
七	一八七四	四十	二月十五日、佐賀の乱鎮定に九州表へ出張（七月十五日まで） 九月、第四代福岡県令に就任 十月、石炭取締方法を布告	十二月、地租改正布達
八	一八七五	四十一	四月、第一回地方官会議に出席 六月十三日、博多祇園山笠を許可（翌年禁止）	このころ福岡県の石炭礦場数一八二坑
九	一八七六	四十二	五月、小倉県の福岡県合併 七月、県庁を福岡城から天神町に移転 八月、三潴県の廃止（大福岡県の誕生） 十月、秋月の乱を鎮圧	三月、帯刀禁止令 八月、秩禄処分 十月、神風連の乱。萩の乱
十	一八七七	四十三	三月、福岡の変を鎮圧	二月、西南戦争（九月まで）

十一	一八七八	四十四	六月、県立福岡医院を開院 十月、第一回県会議員選挙	コレラ大流行 四月、第二回地方官会議
十二	一八七九	四十五	同月、久留米藩士族の安積原野開墾を支援 三月～四月、第一回福岡県議会	コレラ大流行。その後も十五、十八、十九、二十三、二十八各年と続発
十三	一八八〇	四十六	七月、県立福岡医学校を設立 大宰府址碑建立に撰文	五月、玄洋社設立届
十四	一八八一	四十七	一月、妻ゲン死去 七月、福岡県令を退任し元老院議官を拝命 九月、玄洋社主催送別会。このころ後妻チセを迎える	
十六	一八八三	四十九	巡察使として新潟県など地方を視察	
二十	一八八七	五十三	男爵を叙爵さる	
二十二	一八八九	五十五		二月十一日、憲法発布
二十三	一八九〇	五十六	貴族院議員に選出、死去まで在任	第一回衆議院議員総選挙 第一回帝国議会
二十四	一八九一	五十七	六月、福島県知事に就任	
二十五	一八九二	五十八	二月、選挙干渉。八月、福島県知事を退任	第二回衆議院議員総選挙
二十七	一八九四	六十		日清事変
三十	一八九七	六十三	史談会にて「江戸無血開城始末」を回顧	
三十七	一九〇四	七十	十二月三十日、永眠	

■参考文献

〈書籍・雑誌〉

大村市市史編さん委員会編『新編大村市史』第三巻近世編、大村市、二〇一五年
外山幹夫著『もう一つの維新史――長崎・大村藩の場合』新潮社、一九九三年
山路弥吉編『臺山公事蹟』田川誠作発行、一九二〇年（大村芳子、一九八五年復刻）
成松正隆著『加藤司書の周辺――筑前藩・乙丑の獄始末』西日本新聞社、一九九七年
大村市市史編さん委員会編『新編大村市史』第四巻近代編、大村市、二〇一六年
史談会編『史談会速記録』合本十二、原書房、一九七二年
松井保男著『人物史の魅力――近代史のなかの大村人』箕箒文庫、二〇〇五年
山口和雄著『幕末貿易史』中央公論社、一九四三年
史談会編『史談会速記録』合本十六、原書房、一九七二年
勝海舟著、江藤淳・松浦玲編『氷川清話』講談社、二〇〇〇年
奈倉哲三・保谷徹・箱石大編『戊辰戦争の新視点』下　軍事・民衆、吉川弘文館、二〇一八年
青木虹二著『明治農民騒擾の年次的研究』新生社、一九六七年
尚友倶楽部・西岡香織編『坊城俊章日記・記録集成』芙蓉書房出版、一九九八年
西岡香織著『維新後の奥羽按察使と仙台藩について』「仙台郷土研究」復刊二十一巻二号（通巻二五三号）、一九九六年
日本史籍協会編『大隈重信関係文書』一、東京大学出版会、一九七〇年
茨城県史編集会監修、茨城県立歴史館編『茨城県史年表』茨城県、一九九六年
塙作楽・金原左門編著『茨城の近代史』東風出版、一九七四年
森田美比著『茨城県政と歴代知事――戦前45名の人物像』暁印書館、一九九一年

茨城県史編さん近代史第1部会編『茨城県史料』近代政治社会編Ⅰ、茨城県、一九七四年
茨城県史編集委員会著『茨城県史』近現代編、茨城県、一九八四年
福岡県議会事務局編『詳説福岡県議会史』明治編上巻、福岡県議会、一九五二年
田中彰著『明治維新』（日本の歴史第二十四巻）、小学館、一九七六年
中村哲著『明治維新』（日本の歴史16）、集英社、一九九二年
毛利敏彦著『明治六年政変』中央公論社、一九七九年
毛利敏彦著『幕末維新と佐賀藩』中央公論社、二〇〇八年
落合弘樹著『明治国家の情報収集と地方統治』、明治大学人文科学研究所紀要、第六十冊、二〇〇七年
日本史籍協会編『大隈重信関係文書』二、東京大学出版会、一九七〇年
日本史籍協会編『大久保利通文書』五、東京大学出版会、一九七三年
園田日吉著『江藤新平と佐賀の乱』新人物往来社、一九七四年
御厨貴著『近現代日本を史料で読む――「大久保利通日記」から「富田メモ」まで』中央公論新社、二〇一一年
田中政喜編『福岡県』（改訂郷土史事典40）昌平社、一九八二年
福岡市総務局編『福岡の歴史――市制九十周年記念』、福岡市、一九七九年
玄洋社社史編纂会編『玄洋社社史』（新活字復刻版）、書肆心水、二〇一六年
渡辺京二著『神風連とその時代』葦書房、一九七七年
『維新150年』、読売新聞西部本社、二〇一九年
福岡県警察史編さん委員会編『福岡県警察史』明治大正編、福岡県警察本部、一九七八年
『秋月騒擾記事』、『福岡県史資料』第四輯（復刻版）、名著出版、一九七一年
林洋海著『シリーズ藩物語　秋月藩』現代書館、二〇一〇年
橋爪貫一編、近藤圭造校閲『近世四戦起聞』一、阪上半七発行、一八七八年
石瀧豊美著『玄洋社――封印された実像』、海鳥社、二〇一〇年

武部自一著『福岡の乱伝聞録』玄海社、一九九八年
武部自一著『福岡の変を語る（2）』「福岡地方史研究」第三十四号、福岡地方史研究会、一九九六年
福岡市医師会編『福岡市医師会史』福岡市医師会、一九六八年
小寺鉄之助編『西南の役薩軍口供書』吉川弘文館、一九六七年
福岡ユネスコ協会編、大久保利謙監修『明治維新と九州』（九州文化論集3）平凡社、一九七三年
海軍省編『西南征討志』（復刻版）、（西南戦争史料集）、青潮社、一九八七年
田中信義編『カナモジでつづる西南戦争――西南戦争電報録』田中信義発行、一九八九年
『明治十年　諸方電報綴』第一号―第四号「福岡県史稿」五十九―六十二、一八七七年
日本史籍協会編『熾仁親王日記』二（復刻版）、東京大学出版会、一九七六年
大牟田市史編集委員会編『大牟田市史』中巻、大牟田市、一九六六年
橋詰武生著『どこへゆく県庁舎』「博多のうわさ」第三十一巻第二号、雑誌うわさ社、一九六五年
『明治十二年度通常会議事録』上、福岡県議会図書館所蔵
近藤三郎著『ものがたり福岡県議会百年』、西日本新聞社、一九七九年
森尾良一著『久留米開墾誌』久留米開墾報徳会、一九七七年
上林好之著『日本の川を蘇らせた技師デ・レイケ』草思社、一九九九年
福岡市港湾局編『博多港史――開港百周年記念』福岡市港湾局、二〇〇〇年
重松敏彦著『「大宰府備考」と大宰府址碑』、「年報太宰府学」第二号、太宰府市、二〇〇八年
井上精三著『どんたく・山笠・放生会』葦書房、一九八四年
落石栄吉著『博多祇園山笠史談』博多祇園山笠振興会、一九六一年
小川鼎三・酒井シヅ校注『松本順自伝・長与専斎自伝』（東洋文庫386）、平凡社、一九八〇年
古野純典編『九州大学医学部百年史』九州大学医学部創立百周年記念事業後援会、二〇〇四年
九州大学創立五十周年記念会編『九州大学五十年史』

通史、九州大学創立五十周年記念会、一九六七年
九州大学七十五年史編集委員会編『九州大学七十五年史』資料編上巻、九州大学出版会、一九八九年
九州大学百年史編集委員会編『九州大学百年史』第1巻：通史編Ⅰ、二〇一七年
『福岡地方史談話会会報』第二号、福岡地方史談話会、一九六五年
立川昭二著『病気の社会史――文明に探る病因』日本放送出版協会、一九七一年
山本俊一著『日本コレラ史』東京大学出版会、一九八二年
古賀省二編『福岡県警察史』明治年代編、警察協会福岡支部、一九四二年
福岡市下水道局編『福岡市下水道史』福岡市下水道局、一九九六年
日本史籍協会編『大隈重信関係文書』四、東京大学出版会、一九七〇年
長與専斎著『海水浴ノ説』「内務省衛生局雑誌」三十四号、一八八一年
久米邦武編、田中彰校注『特命全権大使 米欧回覧実記』二、岩波書店、一九七七年
『福島県史』第四巻：通史編四近代一、福島県、一九七一年
篠田鉱造著『幕末百話』岩波書店、二〇〇一年
厚生省医務局編『医制百年史』資料編、ぎょうせい、一九七六年
大村市・石井筆子顕彰事業実行委員会編『石井筆子の生涯』大村市・石井筆子顕彰事業実行委員会、二〇〇二年
一番ケ瀬康子・津曲裕次・河尾豊司編『無名の人 石井筆子――〝近代〟を問い歴史に埋もれた女性の生涯』ドメス出版、二〇〇四年
津曲裕次著『石井筆子』（シリーズ福祉に生きる49）大空社、二〇〇一年
関重広著『渡辺清とその家族の想い出』「大村史談」第十八号、大村史談会、一九八〇年
麻生徹男著『母里家のこと』麻生徹男、一九六八年（私家版）
麻生徹男著『掃苔行』完、麻生徹男、一九八〇年（私家版）

〈インターネット〉

太宰府市文化ふれあい館「学芸だより」（https://dazaifu-bunka.or.jp/info/letter.html）

福島県ホームページ「しらかわ（福島県県南地方）観光情報―矢祭町」二〇一九年九月二十四日（https://www.pref.fukushima.lg.jp/sec/01230a/yamatsuri.html）

後藤惠之輔（ごとう・けいのすけ）
長崎大学名誉教授、工学博士
1942年福岡県生まれ。70年九州大学大学院博士課程満期退学、のち九州大学助教授、長崎大学教授を経て、2008年定年退職。防災、地球衛星観測、地盤工学、環境問題、福祉工学、産業遺産、感染症などに関わる。建設省、運輸省、国鉄、日本道路公団、長崎県、大村市などの各種委員を務め、市民活動も軍艦島研究同好会代表などと多彩。著書に『軍艦島の遺産』（長崎新聞社）、『暮らしと地球環境学』『暮らしと自然災害』『バリアフリーと地下空間』（以上電気書院）、『長崎雑学紀行』『新長崎ことはじめ』（以上長崎文献社）、『Cost-Benefit Analysis of Environmental Goods by Applying the Contingent Valuation Method』（ドイツSpringer社）など。
福岡市在住。

第四代福岡県令《だいよんだいふくおかけんれい》 渡邉 清《わたなべきよし》

■

2021年11月15日　第1刷発行

■

著者　後藤惠之輔

■

発行者　杉本　雅子
発行所　有限会社海鳥社
〒812-0023　福岡市博多区奈良屋町13番4号
電話 092（272）0120　FAX 092（272）0121
http://www.kaichosha-f.co.jp
印刷・製本　シナノ書籍印刷株式会社
［定価はカバーに表示］
ISBN 978-4-86656-106-6